監修者——木村靖二／岸本美緒／小松久男／佐藤次高

［カバー表写真］
クレルモン宗教会議
（1490年頃，パリ国立図書館）

［カバー裏写真］
クリュニー大聖堂聖別式に臨む教皇ウルバヌス2世
（15世紀のミニアチュール）

［扉写真］
ウルバヌス2世像
（フランス，シャンティヨン・シュール・マルヌ市）

世界史リブレット人31

ウルバヌス2世と十字軍

教会と平和と聖戦と

Ikeya Fumio
池谷文夫

目次

ウルバヌス二世とは何者だったのか
1
❶
皇帝と教皇の葛藤
6
❷
ウルバヌスの巻き返し
18
❸
「神の平和」運動の展開
29
❹
十字軍の勧説と出発
46
❺
聖地へ
69

ウルバヌス二世とは何者だったのか

教皇ウルバヌス二世(一〇三五頃〜九九、在位一〇八八〜九九)の本名はオドー・ド・シャティヨン、オドー・ド・ラジュリイ、もしくはウード・ド・シャティヨン。シャティヨン・シュール・マルヌの貴族家門に生まれた。ランスの聖堂附属学校にかよい、カルトジオ会の創立者であるケルンのブルーノが彼の師であった。のちに彼自身も聖堂の参事会員兼主席助祭となる。

その後オドーは一時ローマの聖ヨハネ聖堂参事会員となるが、一〇七〇ないし七一年に修道院長ユーグ▲によりクリュニー修道院の一員に加えられ、副院長として短期間活動し、修道会の任務でふたたびローマへ派遣された。一〇七八年、教皇グレゴリウス七世(三頁参照)によりオスティアとヴェレトリの司教枢

▼**ユーグ**(一〇二四〜一一〇九)　フランスのコート・ドールのスミュール・アン・オーソワ生まれ。ベネディクト会修道士をへて、一〇四九年以来クリュニー修道院長としてクリュニー改革の絶頂期をむかえた。ハインリヒ四世の名付け親であり、カノッサ事件(六頁参照)にさいしては、王の依頼を受けて、トスカナ女伯マティルダとともに教皇グレゴリウス七世への謝罪を取りなした。

機卿に指名された。教皇特使としてドイツとフランスで勤務する過程で教皇グレゴリウス七世の腹心となった彼は、グレゴリウスの死後、次の短命な教皇の後、一〇八八年三月十二日にテッラチーナでのコンクラーヴェ(教皇選挙)で後継教皇に選出され、ウルバヌス二世となった。教皇就位後に名乗るウルバヌスの名はラテン語で「市民」を意味する。クレルモン・フェラン市に立つ彼の記念像は、精力的な禿頭《とくとう》姿で長い髭を蓄えている(四頁参照)。

十一世紀の神聖ローマ帝国内のカトリック教会は、教皇グレゴリウスにちなんで「グレゴリウス改革」として知られている教会刷新運動から生じた政治的分裂の結果、グレゴリウス派と反グレゴリウス派(皇帝派のクレメンス三世支持者)との間の分裂(シスマ)に陥った。皇帝ハインリヒ四世が支持する対立教皇クレメンス三世▲はローマを押さえ、ドイツ・イタリアでの支持をかためていった。こうした中で教皇となったウルバヌスは、グレゴリウス改革を継承するとともに、カトリック教会がこの世を主導するために何をなすべきか、という重要な課題に直面していた。その答えのうちの最大のものが十字軍の成立であったのである。

▼クレメンス三世(在位一〇八四～一一〇〇)　パルマ生まれ。皇帝ハインリヒ四世の母后アグネスの推薦でイタリア書記局長となる。一〇五九年のストゥリ公会議に帝国代表として出席。同年の教皇選挙法にドイツ王の留保権をいれる。一〇六一年、対立教皇ホノリウス二世(最初に仕えたパルマ司教カダルス)擁立に加わった。七二年、アグネスの推しでラヴェンナ大司教となった。グレゴリウス七世とは当初協調していたが、叙任権闘争開始後、七八年にローマの四旬節公会議でミラノ大司教テオバルド(反グレゴリウス派の長)とともに破門された。ハインリヒ四世によるブリクセン公会議で対立教皇候補者に指名され、八四年教皇選出。九二年以降は北イタリアの皇帝宮廷に滞在。ウルバヌス二世の対立教皇として独自の政策を追求。北欧・東欧に影響力をおよぼし、キエフやビザンツとも同盟交渉をおこなった。

●——**オドーのいた頃のクリュニー修道院**（推定一〇七〇年代）

●——**グレゴリウス七世**（在位一〇七三〜八五）　枢機卿時代から教皇庁の有力者として教会改革（いわゆる「グレゴリウス改革」）を主導し、教皇就任後『教皇訓令書』を呈示し（下図）、「この世のあるべき秩序」と「教会の自由」を実現すべく、「叙任権闘争」を遂行した。左図は修道士と聖職者の頂点に位置するグレゴリウス七世を描いたもの。サレルノ大聖堂、十一〜十二世紀。

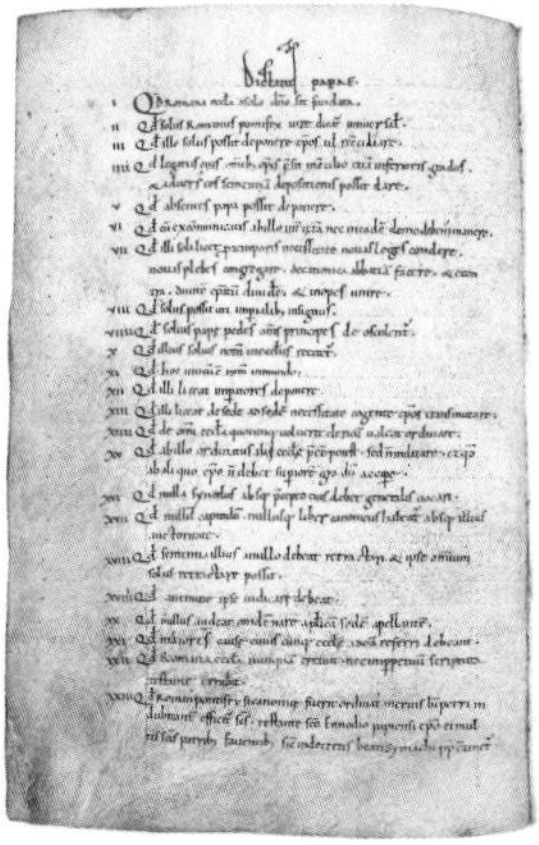
Dictatus papae.

●——**『教皇訓令書（ディクタトゥス・パパエ）』**（一〇七五年）　教皇グレゴリウス七世の教会政治的・権力政治的な基本政策の最重要文書。そこにおいて、教皇だけが皇帝の支配の象徴である帝国権標（一一頁図参照）を有することが許されており、また、皇帝を罷免する権利を有すると主張している。さらに、教皇のみが司教を廃立できること、教皇の上に何人も法的権利を有さず、臣民は不法な君主に対する忠誠を解除しうることが述べられる。これまでの文書にはほとんど見られぬほど、教皇の絶対的権力要求が表明されている。ヴァティカン秘蔵文書庫蔵。

教皇ウルバヌス二世像（クレルモン・フェラン市）

本書は「第一回十字軍」を生み出した教皇ウルバヌス二世の行動を基軸に、西欧情勢、とくにハインリヒ四世との葛藤を重く考慮しつつ、当時のイベリア半島を含む地中海情勢、ビザンツおよび東方地域の諸情勢を、史資料（邦訳のあるものはそれを利用した）の述べるところに即して跡づける。

そして、グレゴリウス改革に端を発して展開していた教会政治に立脚した教皇ウルバヌスの領主貴族層への呼びかけに反して、「民衆十字軍」先発という事態、その直後に出発し、戦闘を繰り返しつつ東方地域を進み、ウルバヌスのなくなる一〇九九年にイェルサレムを陥落させるにいたる「第一回十字軍」（第二波）の軌跡も駆け足で追った。

カトリック教会の当時の位置づけ、改革教皇権の志向と十字軍の背景・目的・実情との関わりを考える助けになればと思う。

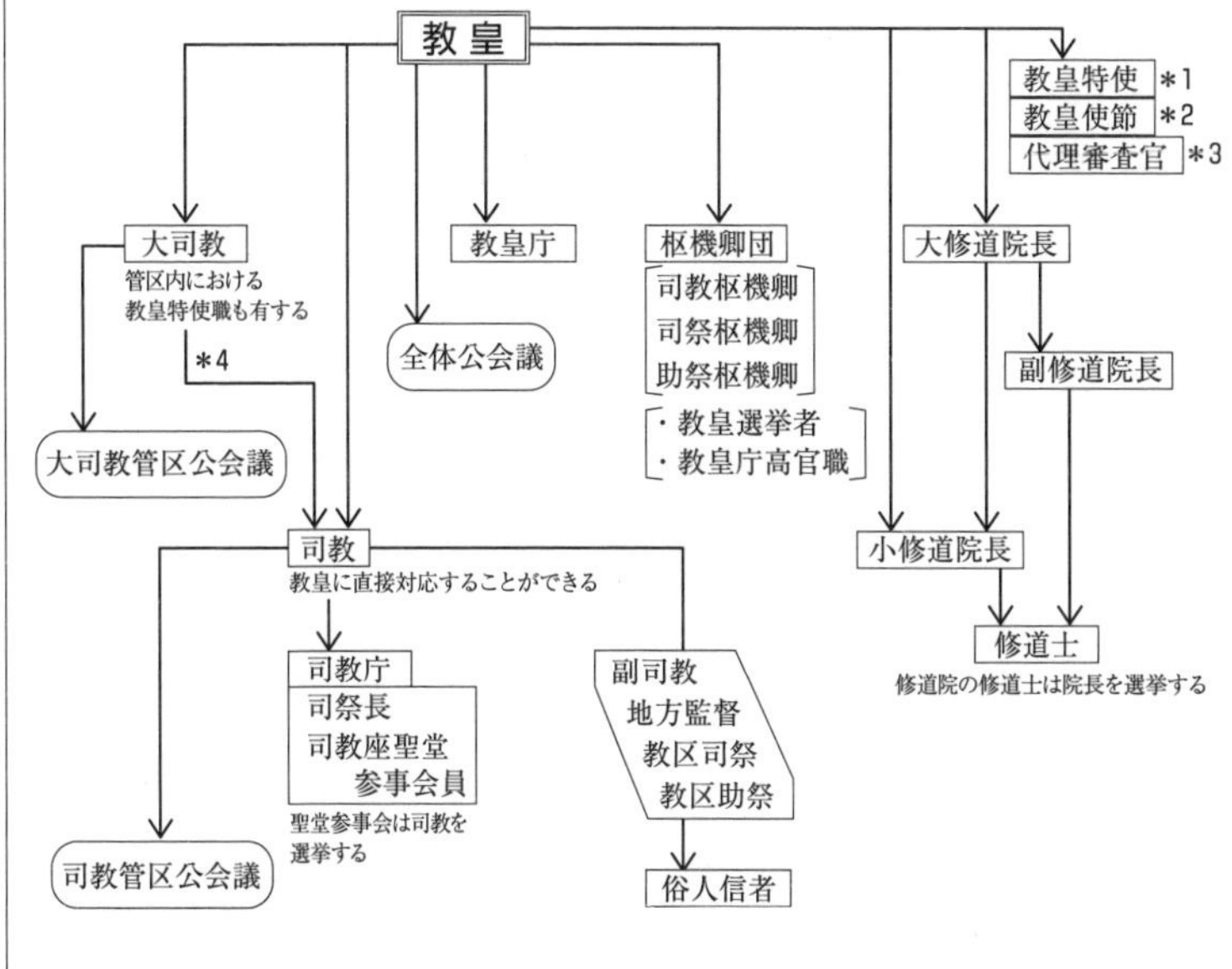

(J.Riley-Smith (ed.), The Atlas of the Crusades, pp.174-175より作成)

＊1　教皇代理として広範な権限を有する
＊2　教皇代理として限定された(特定の)権限を有する
＊3　特定の法律上の事案に対応すべく任命される
＊4　大司教の下にも，司教の下にあるのと同様の「庁」・「聖堂参事会」がある

●**カトリック教会組織図**　教皇が教区教会および修道院(のちに修道会も)の頂点に位置する階層制へと発展した。

●**ハインリヒ四世**(ドイツ王在位一〇五六〜一一〇六、皇帝在位一〇八四〜一一〇六)　ザリエル朝第三代の王。ザクセン諸侯反乱の征討直後、教皇グレゴリウス七世からミラノ大司教叙任を拒否され、「叙任権闘争」に直面。以後、諸侯、教皇との三つ巴の対立の渦中で政治行動を制約されドイツとイタリアの平和維持に苦慮した。一〇七七年のカノッサ事件、その後の巻き返しと後退の繰り返しのなかで、西方世界の主導権を教皇座に掌握されるにいたる。ウルバヌス二世との闘争を継続し、対立教皇を支援。最後は、息子のハインリヒ五世に決定的に背かれるなど、苦難な晩年であった。

①—皇帝と教皇の葛藤

カノッサ事件とハインリヒ四世の巻き返し

一〇七七年、教皇グレゴリウス七世はアウクスブルクに召集される予定の帝国会議に向かっていた。破門されていたハインリヒ四世は教皇と反対派諸侯の結合を阻止すべく、七六年十二月に出発し、后ベルタと二歳の息子コンラートをともない、ブルグント経由で北イタリアへ入る。教皇が滞在中のカノッサ城外に七七年一月二十五～二十八日、贖罪《しょくざい》の身支度で佇《たたず》み、教皇は渋々破門解除と赦免を与えた。ハインリヒは名を捨てて所期の目的を達し、以後巻き返すこととなる。

カノッサ事件後、勢力を挽回したハインリヒはドイツ内での闘いを有利に進めていた。一方、グレゴリウスは一〇八〇年、ノルマンのロベルト・ギスカルド▲に公式に南イタリアを授封した。政治的配慮による。授封証書に曰く「余は、汝に、汝が不法にも所有権を獲得したところの領域……における支配権を黙認することにする」(傍点筆者)。

▼ロベルト・ギスカルド（一〇一五頃～八五、ロベール・ギスカール）　ギスカールとは「機敏な、怜悧な」という意味。ビザンツ皇女アンナ・コムネナは彼を「冷酷無情で、かつ眉目秀麗にして長身、俊敏で大胆不敵」と評している。ノルマンディーのオートヴィル家の一員。一〇四七年頃南イタリアに先着していた兄弟や他のノルマン人傭兵に加わる。教皇レオ九世（在位一〇四九～五四）の軍をも破り、七六年までに南イタリアでの覇権を確立しつつ、弟のルッジェーロとともに七二年までにシチリア島も征服。南イタリアのビザンツ領をも奪取しようとし、八一年アレクシオス一世軍をドゥラッツォ郊外で破る。晩年は息子のボエモンとともにアルバニアやエピルスのビザンツ領を攻撃した。

▼**ルドルフ・フォン・ラインフェルデン**(?～一〇八〇、対立王在位七七～八〇)　一〇五九年に皇帝ハインリヒ三世の娘マティルデと結婚(翌年没)。六六年ハインリヒ四世の王后ベルタの妹アーデルハイトと結婚(七九年没)。ハインリヒ四世に対する諸侯抗争で指導的役割をはたす。七七年三月に対立王に選出されるが、八〇年十月ホーエンメルゼンでハインリヒと戦い敗死。

神の恩寵を失ったルドルフ(左)　宣誓する左手をなくした絵。十四世紀の『ザクセン世界年代記』写本、ベルリン、国立図書館蔵。

一〇八三年六月初め、事態は大きく変わった。ローマ市民の無警戒を利用して、ハインリヒの軍勢がローマを占領し、サンピエトロ大聖堂を統制下においたのである。グレゴリウスは難攻不落のサンタンジェロ城に籠もり、闘いをあきらめなかったが、ローマ市民の思惑は違った。グレゴリウスがハインリヒに加冠するか、自分たちが新教皇を選出し、ハインリヒに加冠させるか。しかし、ハインリヒのローマに残した占領軍が夏に疫病に倒れ退いた。

グレゴリウスが招集した公会議は自身が出席せずに一〇八三年十一月に開かれた。教皇の対ハインリヒ姿勢は変わらなかったが、翌年には一三名以上の枢機卿がハインリヒ側に立場を変えた。ローマ市民はハインリヒ宛に使節を派遣し、王を支持することを伝え、ローマ帰還を要請した。王がヴェルダン司教宛の書簡で「この申し出に驚いている」と語ったほどの急展開である。

一〇八四年三月二十一日にハインリヒはローマに再入城し、ラテラン宮殿に居所を定めた。王がここに招集した公会議はグレゴリウスの廃位と破門、新教皇クレメンス三世の就位を決定した(三月二十四日)。ルドルフ・フォン・ラインフェルデン▲(対立王)を支持したことでグレゴリウスはローマ法上の大罪、大

サンタンジェロ城

逆罪を犯したとされた。しかしながら、この就位には教皇即位典礼の儀式執行に必須のオスティア枢機卿が欠席した。グレゴリウス派の反発は大きかった。クレメンスは自管区であるラヴェンナの司教たちによって就位したのである。クレメンスは教皇ではなく、呪うべき異端の君公だったからである。

ハインリヒの皇帝戴冠

ハインリヒの皇帝戴冠は、その一週間後の復活祭におこなわれた(三月三十一日)。それに引き続く儀式がローマの五つの教会でおこなわれた。聖祓《せいばつ》と戴冠はサンピエトロ大聖堂で、さらにラテラン・バシリカと市壁前のサン・パウロ教会、サンタ・マリア・マッジョーレ教会およびサンタ・クローチェ教会も訪れた。サンピエトロ大聖堂からの出発およびそれへの帰還の行列では、ハインリヒは皇帝冠をかぶり、王笏《おうしゃく》と「帝国の林檎《りんご》」(一一頁参照)を持した。先駆に聖なる槍。彼の前列には司教・修道院長・聖職者たちが、そして教皇クレメンス三世とミラノ大司教が皇帝に随伴し、後列には大公・辺境伯・伯たちが従った。戴冠式後にはラテラン宮殿で祝宴が催された。このときがハインリヒの

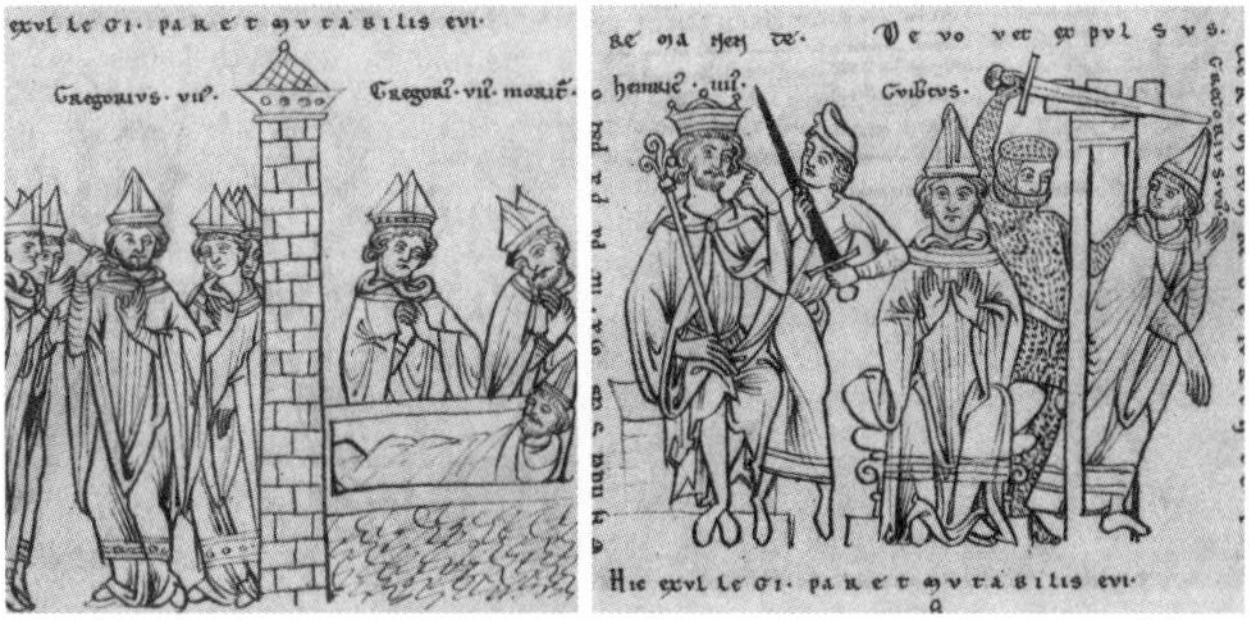

グレゴリウスの追放と死　十三世紀の細密画。イエナ大学図書館蔵。(右)ローマからの脱出(追放)と(左)サレルノでの死。

支配権の絶頂期と思われた。その間もグレゴリウスはサンタンジェロ城に籠城のままであった。

しかし新教皇クレメンス三世の擁立と復活祭の皇帝戴冠後すぐさま、ロベルト・ギスカルドのノルマン軍がローマのサンタンジェロ城に籠もっていた教皇グレゴリウス七世の救援に動き出した。ハインリヒは戦わずしてローマからヴェロナへ退いた。ギスカルドは難なくローマに入城、市内を掠奪し、グレゴリウスを救出した。クレメンスはティヴォリへ退いて守りをかため、ハインリヒの成果は無に帰した。

グレゴリウスもこの事態(市内略奪)の非難をまぬがれず、ローマ市民の憤激を前にして、彼と側近はギスカルドに同行して南イタリアへ逃れた。グレゴリウスはサレルノで最後の公会議を開き、ハインリヒとクレメンスを再度破門し、自身のマニフェストを示したが、クレメンスはローマに復帰し地歩をかため、クリスマスミサをあげている。そうした中で一〇八五年五月二十五日、グレゴリウスはサレルノで没した。死の床で彼は『旧約聖書』の詩篇の一節を手本としてこう述べたとされる。「余は正義を愛し、不法を憎んだ。それゆえ、余は流謫《るたく》のうちに死ぬ」。

こののちもグレゴリウス派は勢力を保持し、ハインリヒとの闘いを継続した。その代表者がオスティア枢機卿オドー(のちの教皇ウルバヌス二世)であった。ウルバヌス二世の教皇在位期は皇帝派と改革派の多数派工作の時代であり、教皇座の安定は確立しない。ウルバヌスは不安定な状況のなか、グレゴリウス派振興に傾力する。敵対者に対して外交的にリードすべく奔走する一方、聖職者の風紀の乱れやシモニア(聖職権の売買)、さらに教会職の任命に平信徒が関わることを繰り返し糺《ただ》すことで、グレゴリウス派の改革計画を推進したのである。

皇帝による司教叙任の典型的図像 ハインリヒ三世がケルン大司教アンノーに旗笏を授与。一一七五年頃製作の銘板、ハンブルク美術工芸博物館蔵。

ハインリヒのドイツでの巻き返し

ハインリヒは一〇八四年に撤退・帰独すると、新たにマインツ大司教、その他多数の司教を叙任している。一〇八五年一月二十日、テューリンゲンのゲルストゥンゲン゠ベルカにおいてハインリヒ派とグレゴリウス派の代表者たちの会合がもたれた。前者からはハンブルク゠ブレーメン、マインツ、ケルン、トリーアの四大司教が、後者からは教皇特使であるオドーと、ザルツブルク大司

●「帝国の林檎」(上)とカール大帝像(下)　中世皇帝権のシンボルは「帝国権標」と呼ばれる帝冠・聖槍・帝国十字架・王笏・帝国剣・帝国宝珠など多数である。それぞれが歴史的伝統を有し、かつ聖遺物宝物も含まれていた。皇帝がつねに保持し、戴冠式にも用いられた。このうち「三種の神器」に相当するのが帝冠・帝国剣・帝国宝珠(「帝国の林檎」)である。「林檎」は十字架付きの宝珠であり、丸い地球ではなく、皇帝が支配する「世界」を象徴する。十二世紀後半製作、ウィーン美術史博物館蔵。「三種の神器」を帯びるカール像は一五一〇年、A・デューラー画。ニュルンベルク、国立ゲルマニア博物館蔵。

●ザリエル朝系図絵　玉座に座るのが同朝初代コンラート二世、右手の平にハインリヒ三世、その下に四世と后のアーデルハイト(エウプラクシア)、四世の下にコンラートと五世。エッケハルト・フォン・アウラの『年代記』一一二五年頃。

●左右に息子を伴うハインリヒ四世　左がハインリヒ五世、右がコンラート。『ハインリヒ五世の福音書』一一〇六～一一一一年。

教、マクデブルク大司教らである。その他に多数の司教たちも立ち会った。

ザクセン貴族らの代弁者であるザルツブルク大司教ゲープハルトとハインリヒ派の代弁者であるユトレヒト司教が論戦の口火を切った。復活祭には新たにオドーが召集した公会議がクヴェートリンブルクで開かれた。しかし、オドーの立場は極めて不利であった。ハインリヒは復活祭後にマインツで帝国会議を開いた。またもハインリヒの巻き返しである。長年の支持者であったベーメン大公ヴァーツラフの王への昇進がおこなわれる。

その後も一進一退の状況であった。一〇八六年、ザクセン、シュヴァーベンで反ハインリヒ勢力がもりかえし、八月十一日にはヴュルツブルク近郊で皇帝軍が敗北したが大勢には影響せず、八七年の和解交渉も成果なく、むしろハインリヒは息子のコンラート▲をアーヘンで共同王に登位せしめ、ザリエル朝の継続を確たるものとした。マクデブルク大司教をトップとするザクセンのグレゴリウス派司教たちとの和平が成るのと皇后ベルタ（一〇五一～八七）の死去とが重なり、ハインリヒは二度目の結婚をする。相手はシュターデ辺境伯の寡婦エウプラクシア▲。一〇八九年の結婚式はケルンで挙行され、皇帝の宿敵マクデブ

▼**コンラート**（一〇七四～一一〇一）　皇帝ハインリヒ四世と后ベルタの長子。二歳で両親のカノッサ行きにともなわれた。ミラノ大司教の保護下、イタリアで過ごす。父のローマ遠征に随伴し、皇帝戴冠後もイタリアに残留。一〇八七年、アーヘンで共治国王となる。トスカナ女伯マティルダをつうじて教皇陣営に移り、九三年ミラノでイタリア王戴冠。九五年ピアチェンツァ公会議後、クレモナで教皇ウルバヌス二世に臣従礼。同年シチリア伯ルッジェーロの娘マクシミリアと結婚。九八年のマインツの帝国会議でドイツ王廃位宣告。以後、イタリアでの影響力失う。

▼**エウプラクシア**（一〇六七以降～一一〇九、プラクセディス、アーデルハイトとも呼ばれる）　キエフ大公の娘。シュターデ辺境伯に嫁すが、その没後、一〇八九年に皇帝ハインリヒ四世と再婚。九四年以後夫の敵側に身をおく。九五年ピアチェンツァ公会議で、夫に対する重大な告発を教皇ウルバヌス二世におこなう。そ

の後は公の場に姿を見せず、のちにキエフの修道院に立ち寄ったという記録がある(一一〇六年)。

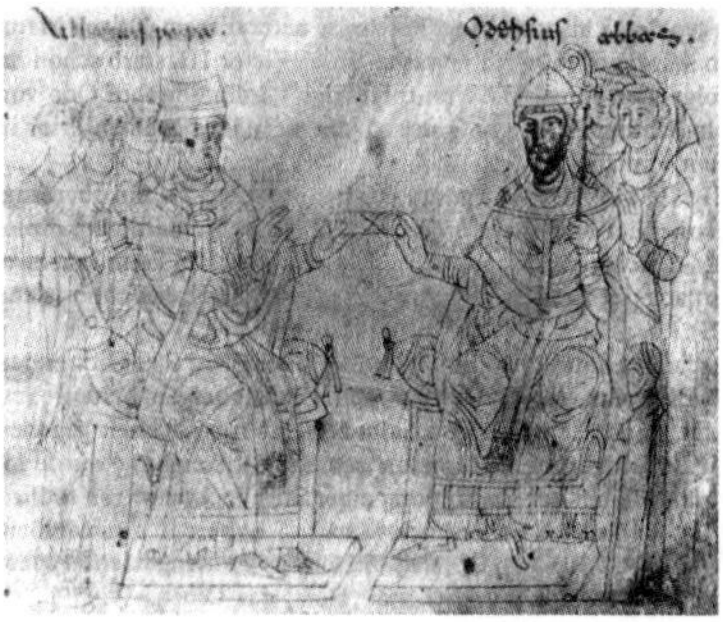

教会改革の継承　教皇ウルバヌス二世(左)が修道院長オデリシウスに教勅を手渡す。十二世紀、モンテカッシノ。

ルク大司教が彼女に王后加冠した。

この政略結婚は、ザクセン勢力と皇帝の和解の象徴であり、彼女は両陣営から「平和のための人質」と解されていたと思われる。このようにして一〇九〇年代初め、皇帝側は相対的に有利な状況を手にしたが、イタリアを含めるとそうともいえない状況であった。

ウルバヌス二世対クレメンス三世

一方、一〇八四年以来、ハインリヒ四世の支援を受けた対立教皇クレメンス三世は、ウルバヌスの就位時にドイツと北イタリアに地歩を占めており、イングランド、ハンガリー、クロアティアにおいても優位を確立していた。

枢機卿団は一〇八六年にグレゴリウス七世の後継者としてモンテカッシノ修道院長デシデリウスを教皇ヴィクトール三世に選出就位させ、翌年の急死後にオドーをウルバヌス二世として教皇に選出する。彼こそ教会改革の確信的推進者であり、並はずれた外交能力をもつ人物であったからである。彼は徐々にではあるが、ローマでクレメンスに対して地歩を確立し、北イタリアでもミラノ大司教がウルバヌスと結ぶにいたった。

就位後すぐにウルバヌスは、トスカナ女伯マティルダとバイエルン大公ヴェルフ四世の息子五世との結婚を取りまとめ（一〇八九年）、南ドイツと伝統的に反皇帝である北イタリアを結びつけた。それに続きビザンツ帝国との緊張関係を改善する努力をし、同年にビザンツ皇帝アレクシオス一世に対する破門を破棄した（メルフィ公会議）。それでもまだ、クレメンス三世がローマにおいて優位を確保していた。

ハインリヒにとっても南ドイツとイタリアへの関与の重要性が浮上してきた。マントヴァの包囲は一年以上続き、マティルダへのダメージとなり、一〇九一年の復活祭をハインリヒはマントヴァで祝った。九二年まではハインリヒの対マティルダ優勢が続く。

コンラートの教皇陣営への転向

ドイツにおいて、反ハインリヒ派の首領オットー・フォン・ノルトハイムの没後、皇帝ハインリヒ四世はザクセン地方を含む北ドイツを鎮定し、一〇九〇

▼マティルダ（一〇四六〜一一一五）　トスカナ女伯。一〇六九年にニーダー・ロートリンゲン公ゴットフリート三世と結婚。叙任権闘争当初はドイツ王と教皇を仲介するが、その後は自領と政治的影響力を賭して改革教皇権を支援。自領（北イタリアのマティルダ所領）を教皇座に寄進。

▼ヴェルフ四世（?〜一一〇一、バイエルン大公として一世）　一〇六一年、オットー・フォン・ノルトハイムの娘エテリンデと再婚。七〇年、オットーがハインリヒ四世の強敵となったのちに離別。同年バイエルン大公領を王より受領。

▼ヴェルフ五世（一〇七二〜一一二〇、バイエルン大公としては二世）　一〇八九年に年長のマティルダと結婚。ハインリヒ四世に対する諸侯反抗を強めると同時に、ヴェルフェン家のイタリアにおける支配の強化をめざした。その後彼女と別れて九五年に父とともにハインリヒに接近した。九八年、バイエルン大公領の継

年には、二度目のイタリア遠征に乗り出した（九七年まで続く）。ウルバヌスは当面ローマから逃れて南イタリアのノルマン勢力に保護を求め、それに乗じ、対立教皇クレメンスがローマにはいった。一〇九二年までハインリヒは勢力を維持したが、その後トスカナ女伯マティルダの軍勢にカノッサ近郊で手痛い敗北を喫した。その結果、ウルバヌスはロンバルディア都市同盟の支持をえることができた。すなわちミラノ・クレモナ・ロディ・ピアチェンツァが都市の自由のために反皇帝の立場に立ったのである。

一〇九三年春にハインリヒの息子で共治者のコンラートが、教皇庁やイタリア諸都市との関わりをめぐって父王と対立を深め、教皇派へと立場を変えた。父はいったん息子をとらえるが、解放し、コンラートはミラノで大司教アンセルムスにより、ヴェルフ五世とマティルダの立ち会いのもと、イタリア王に戴冠した。バイエルン大公ヴェルフ四世が改革派の味方となり、アルプスの通路を遮断したため、ハインリヒは軍勢とともにドイツから切り離されヴェネツィアへの撤退を余儀なくされ、ウルバヌスはふたたびローマにもどることができた。

承を認められ、以後つねに皇帝陣営に位置した。

▼アレクシオス一世コムネノス（在位一〇八一〜一一一八）　コムネノス朝の創始者。ビザンツ帝国の再建をはかる。一〇九五年までにバルカン半島での勢力挽回後、アナトリアでセルジューク勢力への反抗を企図し、使節団を送り教皇ウルバヌス二世に救援を要請（ピアチェンツァ公会議）。十字軍への対応に苦慮。旧領回復とフランク人（十字軍士）の臣従と忠誠を求めた。

▼オットー・フォン・ノルトハイム（?〜一〇八三）　ザクセンの高級貴族。一〇六一年バイエルン大公に任ぜられるが、七〇年に大逆罪で起訴され、大公位を廃された。ザクセンの諸侯反乱（一〇七〇〜七五年）の指導者となり、ルドルフ・フォン・ラインフェルデンの対立王擁立（一〇七七年）にかかわった。

教皇となって最初の五年間、ウルバヌスはクレメンス三世に対抗して教皇権を確立することに専念し、ようやく一〇九三年末、聖ペテロの正当な後継者としてこれをはたすにいたり、晴れてグレゴリウスの改革運動を全教会に支持させようと心を砕いた。

エウプラクシアの教皇陣営への転向

この危機のなか、ハインリヒの后エウプラクシアもまた、夫を捨てる。夫は妻をヴェロナで婚姻背信の嫌疑で留置したが、一〇九四年に彼女は脱出して女伯マティルダのもとに逃れ、夫の非行に対し、激しい申し立てをおこなった。ウルバヌスはこれを九五年三月のピアチェンツァ公会議で公式に取り上げ、ハインリヒ攻撃の柱とした。このためハインリヒに与えた打撃は大きく、反皇帝派諸侯が握るシュヴァーベン・バイエルンが障壁となり、北イタリアに滞留してドイツ帰還もままならなかった。以後九六年いっぱいまでの期間彼は政治行動を滞らせるにいたったと思われる。この間にウルバヌスはドイツへの働きかけは不十分ながらも、フランス国内への働きかけを強め、自らフランスへ巡幸することにより九五年の旅の成果をえることになった。

その前に教皇はハインリヒ四世を三たび破門し、一〇九五年にはフランス王フィリップ一世▲も破門。フランス王は妻を離婚したことでウルバヌスと衝突していたのである。この闘争はしかしやがて解決した。フィリップ一世は九六年にはふたたび教会に受けいれられた。

イングランドでは、カンタベリ大司教アンセルムス▲がウィリアム二世による叙任を拒否し、国外追放された。しかし教皇はイングランドでも紛争を局限することに関心をそそいだ。おそらくはハインリヒ四世に対抗する勢力を束ねるためだったであろう。一〇九五年のピアチェンツァの公会議で、対立教皇クレメンス三世もシモニア弾罪の判決を批准され、再び破門された。シモニアと聖職者の結婚を指弾する回勅が、ようやくにして教会全体を拘束するにいたった。

▼**フィリップ一世**（一〇五二〜一一〇八、在位一〇六〇〜一一〇八）　前妻との離婚とアンジュー伯フルク・レシャンの妻であるベルトラードとの愛人関係により、クレルモン公会議冒頭で破門され、王国は聖務停止下におかれた。その後赦免をえたが、当面十字軍への参加は弟のヴェルマンドワ伯に委ねた。

▼**アンセルムス**（一〇三三〜一一〇九）　イタリア生まれ。一〇七八年ベック修道院長。九三年、ウィリアム二世によりカンタベリ大司教となるが、教皇の大司教任命権を主張して九七年追放される。一一〇〇年にヘンリ一世のまねきで復位するも、俗人たる王の高位聖職者叙任権を否定して職を離れた。〇六年に「叙任は教会がおこなうが、叙任された者は王に忠誠を誓う」ことを取り決めて再度復位。スコラ哲学の父と呼ばれる。

②—ウルバヌスの巻き返し

マラーズギルトにおけるビザンツ帝国の敗北

一〇七一年三月初旬、ビザンツ皇帝ロマノス四世▲はアナトリアに集結させた総勢約一〇万人の大軍を率い、首都コンスタンティノープルから出陣した。随伴したのは帝国重装騎兵とヨーロッパの傭兵隊(ノルマン人・ロシア人)、殿軍に皇帝のヴァリャーギ傭兵隊(北欧ヴァイキングとイングランド人から成る)という編成である。

アナトリア中部で皇帝を待っていた軍勢には、近東全域から集められたトルコ系を含む多数のアジア人傭兵も含まれていた(パツィナク人・ハザール人・アラン人・クマン人・グルジア人・アルメニア人)。数百年にわたって帝国軍の精鋭を供給してきたアナトリア地域を喪失して久しいビザンツ帝国にとって、皇帝が率いる親衛隊と混成部隊である中央軍とが頼りであった。

東へ進みロマノスは自ら率いる軍でマラーズギルト(マンズィケルト)を攻撃した。それとは別に斥候《せっこう》隊をヴァン湖西岸に派遣した。セルジューク朝第二代

▼ロマノス四世ディオゲネス(在位一〇六七~七一)　ビザンツ皇帝。一〇六七年、病弱なコンスタンティノス十世ドゥカトゥスが没し、未亡人となった皇后エウドキアは、再婚の相手に将軍ロマノス・ディオゲネスを選んだ。ロマノスはセルジューク朝の手中にあったアルメニアの重要都市の奪回と、従来の軍事支出削減と地方防衛組織を回復すべく、軍の増強を策した。七一年、アナトリアに出兵し、マラーズギルトの戦いでセルジューク朝のアルプ・アルスラーンの軍に敗れ捕虜となる。

▼アルプ・アルスラーン(在位一〇六三~七三)　セルジューク朝第二代スルタン。一〇七一年のマラーズギルトの戦いでビザンツ軍を壊滅し、皇帝を捕虜とし、小アジア征服への道を開いた。

▼ノルマンディー公ウィリアム(一〇二七~八七、イングランド王ウィリアム一世征服王在位一〇六六~八七)　一〇六六年、従兄弟のエドワード証聖王の死後、王位継承権を掲げて侵

のスルタンであるアルプ・アルスラーン▲はシリアのアレッポにおいてエジプトのファーティマ朝に対する出兵準備をしていたが、急遽ヴァン湖方面に出陣し、ビザンツ皇帝率いる軍勢と遭遇した。

　ビザンツ軍は中央に皇帝直属軍（重装騎兵とヴァリャーギ傭兵隊）、右翼にアナトリア管区の徴募兵とアジア人傭兵、左翼にヨーロッパ管区軍を配し、総勢一〇万人、対するスルタンの軍は総勢四万。数ではビザンツ軍優位であったが、戦いが始まると、ビザンツ軍は進撃するも、セルジューク側の軽装騎兵のたくみな弓射により、重装騎兵が翻弄され、ロマノスは日暮れの頃に自らの野営地への撤退を命じた。そのさいに帝国軍旗を裏返した。

　軍旗の裏返りを見たビザンツ諸軍将兵は、皇帝の戦死による撤兵と解釈して大混乱をきたし、敗走した。アルプ・アルスラーンは追撃に移り、スルタン側の直属部隊がロマノス帝の中央軍を包囲した。中央軍は精鋭部隊ではあったが、重装騎兵が弓射により軍馬を斃《たお》された。緋色のマントをまとって斧を振り回すヴァリャーギ親衛隊は、その五年前のヘースティングズの戦いで、攻め寄せるノルマンディー公ウィリアム▲の軍勢に抗してイングランド王ハロルド二世▲を護

攻。ヘースティングズの戦いにハロルド王を破りノルマン王朝を開く。侵攻にさいし教皇庁の実力者枢機卿ヒルデブランド（のちの教皇グレゴリウス七世）の支援を受けた。戦争準備と戦闘の模様は妃が作成させた「バイユーのタペストリー」に描写。土地台帳『ドゥームズデイ・ブック』（一〇八六年）およびイングランド諸侯貴族を集めた「ソールズベリの誓い」（同年）により、王国全土への支配を確立。

▼ハロルド二世（一〇〇二頃～六六）ウェセックス伯ゴドウィンの次子でイースト・アングリア伯。エドワード証聖王の臨終時にハロルド二世として王に選ばれる。一〇六六年イングランド北東部に侵攻したノルウェー王ハーラル三世苛烈王の軍勢をスタンフォードブリッジに破る。ハーラルが戦死する激戦の直後に、南部イングランドに侵攻してきたノルマンディー公ウィリアム（征服王）の軍勢と戦うべく軍を還すも、ヘースティングズの戦いで戦敗死。

った戦いを再現するも敗れ、ロマノスは捕虜となった。ビザンツ帝国はアナトリア全体を失い、トルコ系勢力はアナトリアからアルメニア・シリアを勢力下に押さえ、首都コンスタンティノープル郊外でさえ略奪者の被害をまぬがれなくなる。大敗北であった。

ビザンツ帝国とイスラーム世界の事情

一〇七二年にアルプ・アルスラーンが没したのち、彼の息子で後継者のマリク・シャー▲はアナトリアの征服を完遂しようと、義理の息子のスレイマン・イブン・クトゥルミッシュを派遣した。一〇八一年にはセルジューク軍は沿岸諸都市を除く地域を制圧した。

このセルジューク朝トルコがスンナ派▲の宗教制度を組織的に保護し、東方ムスリム領土を再統一することによって、地政学的バランスはコンスタンティノープルからふたたびバグダード有利にかたむいた。トルコの侵略が西方からの巡礼団の通行を脅かし、シリア・パレスティナ地方は北のトルコ（スンナ派）の新興勢力と、南のアラブ勢力では最強のエジプト（シーア派のファーティマ

▼マリク・シャー（一〇五四〜九二、在位一〇七二〜九二）　アルプ・アルスラーンの息子。セルジューク朝第三代、最盛期のスルタン。宰相ニザーム・アル・ムルクを登用してトルキスタンから地中海、南はアラビア半島南端におよぶ版図に官僚制的中央集権的統治をおこなおうとした。没後に息子たちが争い、シリア地域で勢力の分立が生じ、第一回十字軍の幸運な成功につながった。

▼スンナ（スンニ）派とシーア派
スンナ派はコーランを聖典とするとともに、ムハンマドの言行を編纂したスンナ（聖典）も重視するイスラームの多数派である。ウマイア、アッバース両系統のカリフの正統を信ずる。シーア（「アリの熱心な支持者」の意）派は第四代カリフのアリ（ムハンマドの女婿）の子孫のみを正統なカリフとする。同派は南イラクからイラン方面に拡大した。のちにいくつかの流れに別れた（十二イマーム派、イスマイル派、暗殺教団など）。

十一世紀のイェルサレム

一〇二六年にサン・ヴァンヌ(フランスのヴェルダンにある)の修道院長リシャールがイェルサレムに大巡礼団(記録では七〇〇名)を率いてむかった。彼の旅支度や行程が、フランスの年代記作者のフラヴニーのユーグにより記録されている。巡礼一行はコンスタンティノープルにいたり、リシャール修道院長は皇帝コンスタンティノス八世(在位一〇二五〜二八)に敬意をもってむかえられ、陸路イェルサレムまで旅を続け、二七年春に到着した。他方、ペルシアの詩人ナシール・ホスロー(一〇〇三〜六一)は、一〇四六年にメッカに向かう途中、パレスティナを通り、訪れた諸都市の印象をその旅行記『サファル・ナーマ』に綴っている。どちらの記述にも、相手の宗教に対する敬意があらわされている。

●――**イェルサレムの岩のドーム**　ナシール・ホスローの旅行記によれば岩のドームの中央にある岩のことを次のように記述している。「預言者ムハンマド――彼に祝福と平安あれ――が昇天した夜、最初に岩の上で祈り、ついで岩に手をおいて按手したと伝えられている。彼の輝きのため岩が上昇しはじめたので、ムハンマド――彼に平安あれ――は岩に手をおき、もう一度押しもどし、元の場所に固定したのである。」

●――**イェルサレムの聖墳墓教会**　ナシール・ホスローの旅行記で聖墳墓教会については次のような記事がある。「この教会は広壮で、優に八千人を収容するほどだ。教会の内陣は、ビザンツ産の金襴緞子と壁画で飾られており、金製品がふんだんに使われている。数カ所にロバの背に乗るイエス・キリスト像――彼に平安あれ――がおかれ、その他の預言者たち、アブラハム、イスマイル、イサク、ヤコブとその子どもたち――彼らに平安あれ――の像もある。サンダラック・オイル(松科の植物から採る樹脂)をそれぞれの像にぬり、実に透明なガラスをかぶせてある。」一〇〇九年にエジプトのカリフ、アル・ハーキム(在位九九六〜一〇二〇)が聖墳墓教会を略奪し破壊するように命じ、しばらくの間、廃墟となっていた。

朝▲)の競合する最前線地帯となった。そこはまた独立国の基盤づくりに熱心なトルコ軍人たちが戦う場所でもあった。

ビザンツ帝国は今やトルコ軍の進撃になす術がなかった。帝国は敗戦後も内紛により分裂しており、トルコは征服と侵入を繰り返すことで小アジアほぼ全域を荒廃させた。野心的で有能な将軍アレクシオス・コムネノスが一〇八一年に帝位をつかんだ時には、ビザンツ帝国の版図は縮小し、小アジアでは北部の沿岸の都市がわずかに残されているにすぎなかった。

東西教会の決裂と巡礼

ビザンツ帝国とヨーロッパの関係は、コンスタンティノープル総大主教ミカエル・ケルラリオス▲とローマ教皇レオ九世▲の衝突によって決定的に悪化した。一〇五四年、レオ九世はコンスタンティノープルに使節(枢機卿フンベルトゥス▲、アマルフィ大司教ペテロ、教皇庁尚書院長のフリードリヒ)を遣わし、神学上の諸問題と聖職者たちの忠誠について論じさせた。フンベルトゥスの書簡に記されているように、使節たちとビザンツ側との会見は、ミカエルの破門というか

▼ファーティマ朝(九〇九～一一七一) ムハンマドの娘ファーティマに発するシーア派の王朝。北アフリカでカリフの称号を用いる。九六九年エジプトを征服し、カイロを首都に建設(九七三年)。大西洋からシリア・アラビアの一部にまで拡大。十一世紀初め以後衰退し、シリア、パレスティナをトルコ人や十字軍に対して失う。一一七一年、サラディンにより征服され滅亡。

▼ミカエル・ケルラリオス(一〇〇五頃～五九) コンスタンティノープル総大主教(在位一〇四三～五八)。皇帝一門に連なる家柄の出。ミカエル四世帝に対する陰謀失敗後、修道士になる。コンスタンティノス九世帝が聖職者の反抗に対抗して彼を総大主教に登位させる。一〇五四年カトリック教会の枢機卿フンベルトゥスらがハギア・ソフィア寺院祭壇上にミカエルらに対する破門教書を寄託した。その後も帝国の政変に関与し、イサキオス・コムネノス帝によりとらえられ、追放され死去。

たちで終わった。曰く「多くの誤謬《ごびゅう》について、総大主教はわれらが教皇レオ猊《げい》下《か》の警告の書簡を無視しました。さらに総大主教は教皇使節団との会見を拒み、……聖餐《せいさん》式に種なしパンを使うことに異を唱えてラテン教会を閉鎖し、そしてありとあらゆる方法でラテン教会の人々を迫害したように、彼は教会でのミサも禁じたのです」

「三位一体と教皇庁の権威において、すべての正統な神父の権威によって、全カトリック教会の権威によって、彼らが正気に立ち返らないなら、ミカエル・ケルラリオスとその追従者全員を破門にせよと教皇はお命じになりました」

ミカエル・ケルラリオスは、アンティオキア総大主教ペテロ宛の書簡で、ラテン式典礼を非難している。東西教会は断絶した。しかし、ビザンツ帝国は、トルコ勢力の侵攻にさいして、ヨーロッパに援軍（傭兵軍）を求める決断をした。首都の対岸の地域にまでイスラームの旗が翻ったのを見たビザンツ側の焦燥はそれだけ強かったのである。

旅の危険やラテン教会とギリシア教会の教義上の論争にもかかわらず、どう

▼教皇レオ九世（在位一〇四九～五四、本名ブルーノ）　コンラート二世によりトゥール司教叙任（一〇二七年）。ハインリヒ三世により教皇に選出。フリードリヒ（のちの教皇ステファヌス九世）やフンベルトゥスらロートリンゲン地域の教会改革人材をともない、教皇庁入り。さらにヒルデブランド（のちの教皇グレゴリウス七世）も登用した。彼らが新組織の枢機卿会議の中心となる。シモニアと聖職者妻帯の克服、ハインリヒ三世と協働した教会改革を推進。ビザンツ帝国との同盟模索は失敗し、死の三カ月後に東西教会は分裂した。

▼フンベルトゥス（生年不明、シルヴァカンディダの司教枢機卿：在職一〇五〇～六一）　都市民の出。モワイヨンムーティエの修道士。トゥール司教時代のブルーノに登用されローマへ。以後四人の教皇の助言者として側近・教皇特使として活躍。一〇五七年以降書記局長・司書としてローマ教皇庁組織のトップに立つ。五八年に著した『シモニスト駁論』は、

教会改革の先鋭的理論書として改革教皇権を支えた。五四年にコンスタンティノープルに派遣、東西教会の決裂にいたる。五九年のラテラン公会議で教皇選挙法に署名。教皇とノルマン勢力との同盟締結(同年)にも関与。

イェルサレム巡礼の船出　ある貴族がマルセイユから出発する。十三世紀、クレルモン・フェラン大聖堂のステンドグラス。

にかイェルサレムにたどりつけた巡礼団があった。一〇六四～六五年に約七千人のドイツ人で編成された大巡礼団がドイツを出発し、パレスティナに向かった。彼らが苦労と苦戦のすえにイェルサレムへの巡礼をはたしたことが、いくつかの年代記に述べられている(バイエルンのニーダーアルタイヒ修道院の記録・一〇七三～七六年に書かれた)。

「巡礼団の指導者はマインツ大司教ジークフリート、トリーア大司教ヴィルヘルム、レーゲンスブルク司教オットー、バンベルク司教ギュンターで、ギュンターが中心的人物と見なされていた。……王侯貴族をはじめ多くの者が、貧富を問わずこうした指導者のもとに列をなした。その人数はおそらく一万二千人をこえていたであろう」

ヘルスフェルト修道院の修道士ランペルト▲の『年代記』の記録(一〇七七年直後に書かれた)では、旅の中盤から後半の苦難の状況と巡礼団がシリアとパレスティナで直面した試練が描かれている。彼らはしかし苦難のはてにイェルサレム巡礼をとげる。

つまり、幸運にも巡礼をまっとうできた者もいたが、多くは苦しい道程のはてに目的を達せずに殺され、また病気でなくなった者たちが多かったのである。それでもヨーロッパの人々は、当時の三大聖地(サンティアゴ・デ・コンポステラ、ローマ、イェルサレム)への巡礼を熱心におこなっている。

ウルバヌスとピアチェンツァ公会議

さて、アレクシオス帝はトルコのそれ以上の侵略を食い止めたが、破産状態の国庫で軍隊を再編する必要に迫られていた。また、一〇八〇年代にロベルト・ギスカルドのアルバニア攻撃に、ついでロシアのステップ地方の遊牧民ペチェネグ人やクマン人から受けたドナウ辺境への脅威と対峙せねばならず、休まる暇はなかった。

一〇八五年の宿敵ギスカルドの死から一〇年の間に、アレクシオスはバルカン半島を掌握した。そこでアジア圏の領土の回復に専念できるようになるが、それには外からの援助が必要と考えた。このような事情により九五年三月、教皇ウルバヌス二世が主宰したピアチェンツァの公会議にビザンツ帝国の使節団が姿をあらわし、援助を要請した。皇帝が西方に求めたのは帝国の失地回復戦

▼ヘルスフェルトのランペルト(一〇二八以前~八一以後)　年代記作者。マインフランケン地域の貴族の出と思われる。バンベルク聖堂附属学校に学び、自著によると、一〇五八年三月ヘルスフェルト修道院にはいり、アシャッフェンブルクで司祭叙品を受ける。イェルサレム巡礼から五九年九月にヘルスフェルトにもどる。同修道院附属学校を指導した模様。八一年ハズンゲン修道院初代院長となる。

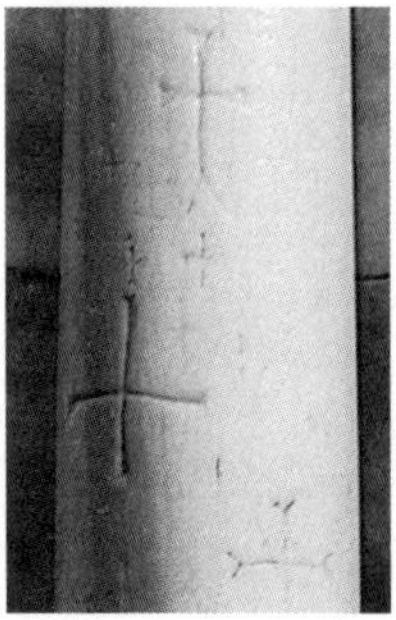

ベツレヘムの教会の柱に彫られた巡礼者の「落書き」　同様のものはイェルサレムの聖墳墓教会の柱にも彫られている。

のための「傭兵」であった。しかし、西方からの援助は、第一回十字軍という形だったのである。

それに加えて、先述のようにウルバヌスは公会議にハインリヒ四世の王后エウプラクシアを登場させ、夫に対する訴えを提起させた。出席者が多かったので、教会堂では収用できず、参加者は野外に集まった。この場で彼女は教皇の足下にひれ伏し、和解を請うとともに、彼女の苦しみの物語を語った。ハインリヒが部下の騎士たちに彼女に暴力をふるわせたという陳述は参加者に深い印象を与え、教皇を動かしてハインリヒを新たに破門させたのである(ベルノルトの『年代記』)。

エウプラクシアの陳述と非難の真偽をめぐっては、貞操の被害者なのか不倫妻なのか、見方が分かれるが、ウルバヌス陣営はハインリヒを攻撃すべくこれをおおいに利用し、公会議に彼女を登場させたものと思われる。既述のハインリヒの再婚事情からすると、彼女は「平和のための人質」であったので、ザクセンとシュヴァーベンの反ハインリヒ連携の動きが和解取り決め違反であった以上、人質へのあつかいの厳格化は中世の慣習としては通例ありうることであ

●——**サンティアゴ大聖堂**

●——**巡礼者夫婦像**　十二世紀、ロレーヌのベルヴァル修道院回廊レリーフ。

●——**聖ヤコブ**（サンティアゴ大聖堂）　杖とホタテ貝を身につけた巡礼者姿。

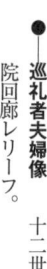

▼**皇帝の教皇に対する馬丁奉仕**　教皇への恭順と奉仕服務の印として、封臣が主君に対してするように、教皇の騎乗する馬の手綱をとって導いている。『ザクセン法鑑』ドレスデン写本、一三五〇年頃。ザクセン国立・大学図書館蔵。

▼**ルッジェーロ一世**（一〇三一〜一一〇一）　ノルマンディーのオートヴィル家ロベルト・ギスカルドの末弟。シチリア伯。兄と共同して南イタリアおよびシチリアを征服。七二年、ムスリム支配下のパレルモを征服し、しだいにシチリアに支配権を樹立し、兄の死後プーリア公として南イタリアをも支配した。

った。婚姻締結は人質の地位を考慮しての平和保証形態であったため、ハインリヒに一方的な罪が帰せられる性格のものでもなかったと思われる。ウルバヌス陣営はこれを最大限利用したが、結果的にドイツの分裂状況のもとで、教皇主導の十字軍の働きかけはドイツでは機能しなかった。

　さらにウルバヌスは公会議直後、イタリア王コンラートとクレモナで直々に会い、コンラートはノルマン人封臣が聖ペテロにおこなうのが常であった馬丁奉仕▲の儀式を教皇に対しておこない、合わせて誠実誓約をはたした。教皇との主従関係を結んだことにより、コンラートに対してウルバヌスはシチリア公ルッジェーロ▲の娘との婚姻計画を進め、ローマでの彼の皇帝戴冠も約束したとされる。クレモナでの出会いの意味することは重大である。オットー、ザリエル朝の皇帝はこのような所作はしなかったからである。皇帝がノルマン勢力と同列の「聖ペテロの戦士」とされるならば、それこそ皇帝権に優越する教皇権を主張するグレゴリウス七世の『教皇訓令書』の可視化だったのである。

③—「神の平和」運動の展開

フランスでの勧説

皇帝との新たな対決の年一〇九五年に、ウルバヌスは二つの大きな勝利をあげることができた。第一は前述した三月のピアチェンツァ公会議で、あらためて対立教皇(皇帝派)クレメンス三世とその与党を破門し、王后エウプラクシアの公会議出席でもハインリヒを攻撃できたことである。それに引き続きクレモナにおいて皇帝の息子コンラートからの臣従と保護誓約をえることに成功した。コンラートは教皇に臣従した。ウルバヌスはコンラートに父ハインリヒ四世に対抗する援助を確約し、シチリア公ルッジェーロの娘との結婚を手配した。

第二は十一月のクレルモン公会議における十字軍勧説である。公会議において、出席(参観)していた聖職者や諸侯・貴族・騎士、そして民衆に対する説教をつうじて、東方の同胞救援、イェルサレムと聖なる地の不信心者たちの手からの解放に向けた十字軍に熱狂的賛同をえ、それによって、西方キリスト教世界に新たな活動とともに、挑戦的かつ拘束力ある課題任務を与えた。

ル・ピュイ　サンティアゴ巡礼路の拠点でもある(三一、四三頁地図参照)。

ウルバヌスは一〇年余にわたる在位期に、メルフィ(一〇八九年、アレクシオス帝の破門解除)やトゥールーズ・ローマ・バーリといった各地で公会議を開いた。教皇レオ九世以来、これほど各地を行脚し、カトリック教国中に姿をあらわした教皇はいなかった。その根底には皇帝および対立教皇との戦いの継続と教会主導の「神の平和」運動(後述)への志向があげられよう。ただし、北イタリアに皇帝が滞留する以上、当面の勧説巡歴の地はフランスしかなかった。

ウルバヌスは一〇九五年夏に陸路フランスへ赴いた。八月五日ヴァランス、十一日にル・ピュイ到着。この地から彼は十一月にクレルモンの公会議への出席要請を近隣の司教らにおこなう。さらにアヴィニョンとサン・ジルで秋をすごした。十月初旬に北上してリヨン経由でブルゴーニュへと向かう。十月二十五日にクリュニー修道院において、ユーグ院長が建立を進めていた大バシリカ聖堂を聖別した。そこから歴代修道院長のなかで最高の聖者マイオルスの墓参(ムーラン近郊のスーヴィニー)をすませ、司教の先導で公会議の場所クレルモンに入城した。

ドイツは働きかける状況にはなく、クレルモンでの公会議開催にあたっては、

●ウルバヌス二世のフランス巡歴と十字軍士の出身地域

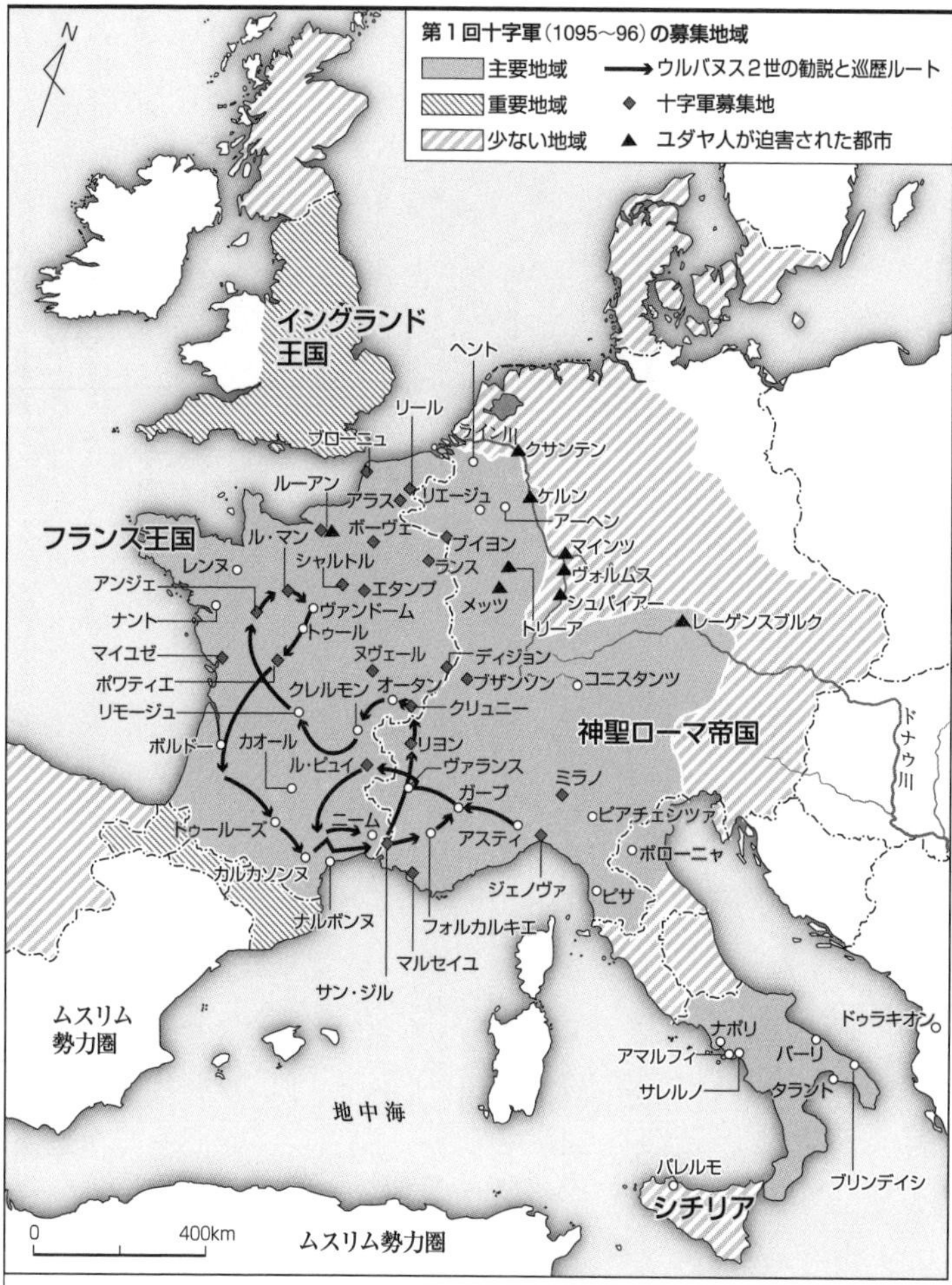

クリュニー大聖堂聖別式に臨む教皇ウルバヌス二世　一〇九五年十月。右は修道院長ユーグ(パリ国立図書館蔵写本挿絵)。

事前にフランスの南部から中部各地を巡幸し、教会と世俗の有力者たちに根回しと下交渉をおこなったとされる。そしてクレルモンでの有名な『十字軍勧説』で、カトリック教会がリードする西方世界の新たな秩序が可視化するにいたる。

「神の平和」運動と教会

十世紀末から十一世紀初めにかけてフランス各地で「神の平和」運動が生起した。封建領主間での私闘(フェーデ)は、武器・武力を所有している階層の特権として禁止されなかったため、①聖職者階級と教会の財産をフェーデから守ること、②労働に従事する民衆すなわち農民と商人および彼らの所有物を貴族のフェーデから守ること、といった教会や民衆の経済活動に対してフェーデが妨害・攪乱《かくらん》することを禁止することが求められていた。

この時期の「平和」が「教会財産と教会人の平和」および「農民と商人および彼らの財産の保護」を含むことは、とくにフランスにおいて、国家秩序解体状態のなかで、教会が貧者に対する唯一の保護者として浮上してきた事情を背

貴族と民衆　貴族＝戦う人は、民衆に対して平和の保証と維持を責務とする。モンテカッシノ、一〇六〇〜七〇年頃の絵。

景にもつ。とくにブルゴーニュ地方に発した民衆を巻き込んだ「神の平和」運動がそうであった。

　教会側の事情は明確で、修道院・司教座教会が多くの俗界貴族とは異なり、自己の「法人」としての生存のために大規模な荘園を必要としたので、教会に隷属する農民が妨害なく経済的義務を履行できることを最重要視した。教会は自領の隷属農民のみではなく、すべての農民も保護しようとした。それは、教会への十分の一税や奉納物・寄進物が、領主としての教会に直接隷属していない人々からも広くもたらされ、教会・修道院の収益となっていたからである。

　当該地域の全住民の財産が確保・保全されることが、教会・修道院の富の不可欠な前提だった。だからこそ教会は隷属者・被搾取者である地域住民をフェーデによる貴族の「不法な」略奪から保護しようと努めた。かつてカロリング朝時代に国家と教会の緊密な提携により教会と貧者を世俗的な保護下においていたが、この「国王罰令」による平和の保証にかわるものとして、権力的に「国王不在」の当時の状況下で、十世紀末以後、教会が平和の守護者となる「神の平和」運動が、民衆を巻き込んで台頭してきた。

そのさいに刑罰の手段として教会が利用できたのは破門しかなかったので、教会は貴族に対して平和令の遵守を誓約によって義務づけ、平和の破壊者のみならず、平和の誓約をおこなわない者もまた教会から排除するとした。「聖務停止」(一教会もしくは司教区内の礼拝活動の中止)もまたこの時期に適用されるようになった。

十字軍運動の先駆者グレゴリウス七世

叙任権闘争がはじまる前、一〇七四年十二月七日付けハインリヒ四世宛の書簡で、グレゴリウスは述べている。「自分が主導者となるならば、すでに五万人の兵力の準備が整っており、神の敵サラセン人に対して武器を執り、イェルサレムの聖墳墓にいたるまで進軍しうるのだ」と。さらに教皇はハインリヒに対して、もしも神がお許しになるならば、自らが軍勢を率いて東方に赴きたい。ハインリヒは残って教会を護るべきであるとも言明している。

しかしこのプランは一年後の一〇七五年十二月までには実現せず、教皇は教会改革計画を悦《よろこ》ばぬハインリヒを非難し、七六年二月に王を破門するにいたる。

グレゴリウス七世と書記助祭ペトルス　十二世紀末の細密画。

教会と民衆　教会は「神の平和」の主導者となることを目指した。この絵は、聖職者が民衆の先頭に立って、この世の平和を主導することを象徴している(モンテカッシノ、一〇六〇〜七〇年頃の絵)。

かくして開始された叙任権闘争にグレゴリウスは残りの生涯を費やすのである。ただし、東方キリスト教徒を支援すべく武力介入するというこの考えは、後継者ウルバヌス二世により、巨大な運動へと変換されていくことになるのである。

「神の平和」と十字軍運動

「神の平和」のための教会会議は、聖界貴族だけによる会合ではなかった。俗人が教会会議に出席し、平和運動に活発に参加したが、この「俗人」とは封建領主だけではなく、大勢で教会会議に集まってくる庶民・下級階層に属する人々つまり民衆でもあった。また、教会会議の折には聖遺物も開帳され、多数の人々を吸引していた。「平和教会会議」の営みが、都市内部の教会の構内においてではなく、しばしば、大群衆を収容できる都市城壁外の広大な平坦地や野原でおこなわれたのも、そのためであった。

教会は「平和教会会議」を意識的に、巨大な民衆の集会に転換させるためにあらゆる手段をとり、「神の平和」運動は民衆運動となった。一〇九五年のクレルモン公会議において教皇ウルバヌス二世が直接民衆に向けて演説をおこなったのが、城壁外の地であったことを想起しよう。

聖地回復を目的とした「十字軍」運動と、「神の平和」運動と比較してみると、運動を生起させた源は、ともに経済的社会的なものであった。経済や社会の状況のなかに、下級階層全体を激しく揺り動かす条件が存在していたといえる。

また、この二つの運動はイデオロギー的にも実際的にも、教会によって方向づけられ指導されるという性格をもち、両者ともに教会が民衆を巻き込んで促進した。教会にそれが可能であったのは、この時期の教会が実践的(経済的)に卓越した活動力を所持していたことによる。

教会によって古来主張されてきた「平和」の理念が、民衆の支持を受けて社会的に有効な力となりえたのも、このような教会活動の定着と発展によるものである。十世紀のクリュニー修道院改革に始まる教会改革、教皇権の上昇、叙任権闘争といった教会政治・皇帝政治における重要な動きの底流に、こうした民衆を巻き込む「平和」運動の発展をみることなくして「十字軍」を理解することはできないであろう。さらにイベリア半島と南イタリアにおけるキリスト

▼**アルフォンソ六世**(豪胆王、一〇三〇～一一〇九、レオン＝カスティリャ王在位一〇七二～一一〇九) レコンキスタにおける最強の国王とされた。一〇八五年トレドを征服し、タホ川以北を平定した。エル・シッドとの複雑なかかわりを有する。

▼**エル・シッド**(ロドリーゴ・ディアス・デ・ビバル、一〇四三頃～九九) 小貴族の出自。ムスリム、キリスト教君主を問わず傭兵として活動する。アルフォンソ六世に仕えるが、一〇

教徒の失地回復の進展という事態が新たに加わった。

イベリア半島のレコンキスタ

十一世紀後半のイベリア半島で指導的立場にあったキリスト教国の君主はレオンおよびカスティリャ王のアルフォンソ六世▲で、彼の支配権はサラゴサ、セビーリャ、トレドのムーア人（スペインのイスラーム勢力）君主たちにまでおよんでいた。エル・シッド▲ことロドリーゴ・ディアス・デ・ビバルは、ムーア人を相手に死闘を繰り広げた武将として、スペインの英雄叙事詩で讃美されている。

一〇八六年バレンシア王アル・カディルとその他のムスリムの王たちが、拡張するキリスト教軍に対抗するための援軍をモロッコとアルジェリアのムラービト朝▲に要請した。まもなく同朝は単なる同盟者から主導者となり、九四年にはイスラーム系の小君主たちを掃討《そうとう》し、イベリア半島南部（アル・アンダルス）の全域を支配下においていた。

この王朝の最初の敗北はエル・シッドによるものだった（一〇九四年六月）。

八一年ムスリム側に亡命、サラゴサの君主に仕え、対キリスト教徒戦で名声をあげる。「シッド」とは、アラビア語の「サイード」（主人）に由来する異名。八九年ふたたびアルフォンソの怒りを買い、野武士団の長として九二年カスティリャに侵入。九四〜九九年バレンシアを征服したが、北アフリカから進攻してきたムラービト朝に敗れた。女傑の妻シメーナは病死した彼の棺とともにカスティリャに撤退。すでに死亡時に対ムスリムのキリスト教戦士として尊敬され、のちに叙事詩『シッドの歌』に歌われ、イスラーム勢力に対するキリスト教徒の伝説的シンボルとなった。

▼ムラービト（アルモラヴィド）朝（一〇六一〜一一四七）　北アフリカのベルベル系王朝。セネガルでベルベル人のムスリム化のために創立された布教戦士団から発展。モロッコ占領後、一〇九〇年にはムスリム支配下のスペインを再征服した。四七年、ムワッヒド朝に倒される。

アルフォンソ六世はムスリムの領土にエル・シッド自身の国を樹立する許可を与え、バレンシアがその拠点となった。しかしシッドが没した一〇九九年以前にすでに書かれていたと思われる伝記を十二世紀初頭に集大成した『ゲスタ・ロデリキ・カムピ・ドクトリス』によると、両陣営ともにキリスト教徒、イスラーム教徒の勢力を含んでいたのであり、宗教だけで画然とならぬ事情が内にあった。

教皇ウルバヌス二世は、先頃ムーア人から奪還したタラゴナの再建に協力した人々には功徳が施されると書簡で約束した。こうした貢献は、イェルサレムへの巡礼と同等と考えられた。曰く、

余は、汝らキリスト教徒に命ずる。悔悛し、罪の赦しを得るために、［タラゴナの］教会再建のために、衷心より持てる力と富を使うのだ。悔悛の気持ちと信仰心に鼓舞されてエルサレムやその他の聖地に向かおうとしている者たちは、その代わりに全財産を持ってタラゴナの教会の修復への旅に向かうのだ。

かさねて余は約束する。神のご加護を得て、その都市の城壁の内外にキ

リスト教徒をかくまい、ムーア人に敵対するなら司教座とその都市そのもののの安泰が保証され、当初目指していた聖地に到達した時と同様に神のお慈悲を授けられる（邦訳は『十字軍大全』による）。
のちの十字軍参加への呼びかけと大変似かよっている。

シチリアと南イタリアにおける征服

十一世紀初頭、イタリア南部はいくつかの国に分割支配されていた。ビザンツ領もあり、ランゴバルト人の小君主国もあり、シチリアにはアラブの君公領もあり、その他に名目上はビザンツ領だが、事実上は自立している諸侯領がいくつもあった。一〇四一年、ノルマン人とイタリア人が、当時ビザンツの支配下にあったイタリア南部のプーリア地方のメルフィを奪取し、小国を樹立した。その指導者のなかに、ノルマンディーから到来したオートヴィル家の二人の息子がいた。最終的に、この二人を含む少なくとも六人の兄弟がイタリアに赴いたことになる。

一〇五九年に教皇ニコラウス二世（在位一〇五八～六一）が、オートヴィル家の兄弟のなかでは総領にあたるロベール・ギスカール(六頁参照)をプーリアおよびカラブリア、そしてシチリアの公と認めた。シチリアは九世紀以降ムスリム支配下になっていたが、ギスカルドと弟のルッジェーロ(ロジェール)が征服に着手した。島の北東の先端部にあるメッシーナの陥落後、ルッジェーロ伯は島からムスリムを駆逐しはじめた。一〇六三年には、彼はメッシーナの南西のトロイナを征服し、チェラミに到達し、自らのシチリア島北東部の覇権を確実なものにした。ムスリムの抵抗にもかかわらず、一〇七二年にはギスカルドとルッジェーロの軍勢は島の首都パレルモに到達していた。

南イタリアの流動的な情勢の中で、ノルマン人は独自の役割をはたし、一〇七六年までに事実上、南部全域を征服し、首領のギスカルドはプーリア伯として覇権を確立した。一〇九一年にはシチリアも弟のルッジェーロ一世によって鎮圧されていた。ノルマン人の征服が成功したのは、政治的・軍事的両方の要因(地方ごとの政治的分裂やその地域にいる協力者)があったからである。教皇グレゴリウス七世は、南イタリアのノルマン勢力と同盟するにさいして、彼らをイスラーム勢力やビザンツ帝国、そしてドイツ勢力に対抗する有力な同盟者と

ヨーロッパ人の三大巡礼地の一つローマ　聖年祈年祭のためにローマに到着した巡礼者たち。一三〇〇年の時(十五世紀、イタリアの年代記)。

評価した。

教皇にとって、皇帝との対決だけにとどまらない、一〇五四年に決裂した東方教会との合一、パレスティナの聖書の故地の再獲得のための聖なる戦い、というプログラムが浮上してきた。しかし叙任権闘争がこの計画の実行を妨げた。グレゴリウスにとって、「十字軍征行」は新規な考えではなく、それが意味するのは、非キリスト教徒に対する「聖なる戦い」をともなう「約束の地」への「巡礼」だったのである。それこそが全西方世界のキリスト教徒が教皇主導下で共属意識感情を大規模に表現できるもの、否、表現すべきものだった。

教会改革と「聖戦」の結合

十一世紀半ば以来教皇位を占めた改革派聖職者たちの多くは、教会内で長年にわたって続いてきた聖職権の濫用を排除し、「この世の正しい秩序」を取り戻そうと願った。これらの刷新運動の主眼は、平信徒による不正な教会支配という問題、とりわけ、シモニアという悪しき慣習を教会から排斥することであった。これこそ君主による聖職者叙任にまで排斥を拡大するにいたるものである。

より熱心な改革者たちは、教会主導で、巡礼のような意義深い霊的苦行を平信徒に奨励するなどにより、教会改革に平信徒の支援を求め、世俗社会の倫理観を向上させようと志向した。ウルバヌスはもともとフランス人だったこともあり、キリスト教国内の内紛を抑制するために、フランスでさかんな「神の平和・休戦」を実践しようとした。

一〇八九年に教皇ウルバヌスは、南イタリア征服を完了したノルマン軍に向けて「神の平和」を宣言し、その六年後のクレルモン公会議で広く西欧全体に「神の平和」を告知するにいたる。演説の詳細は後述するが（四八頁以下参照）、その主旨が騎士階級は戦士としてのエネルギーを異教徒に向けるべきで、同胞であるキリスト教徒に対する戦いより、すぐれて高貴な目的のためにおのれの好戦的性格を発揮すべきであり、長らく盗賊であった者は今からキリストの戦士となるべきである。かつて兄弟や親族と戦った者は、今から野蛮人どもを相手に堂々と戦うべきであるという「神の平和」の訴えであった。「神の平和」による西方の「域内平和」と、武力行使のエネルギーの外への発出としての

●—アルプスの峠とローマへの巡礼路

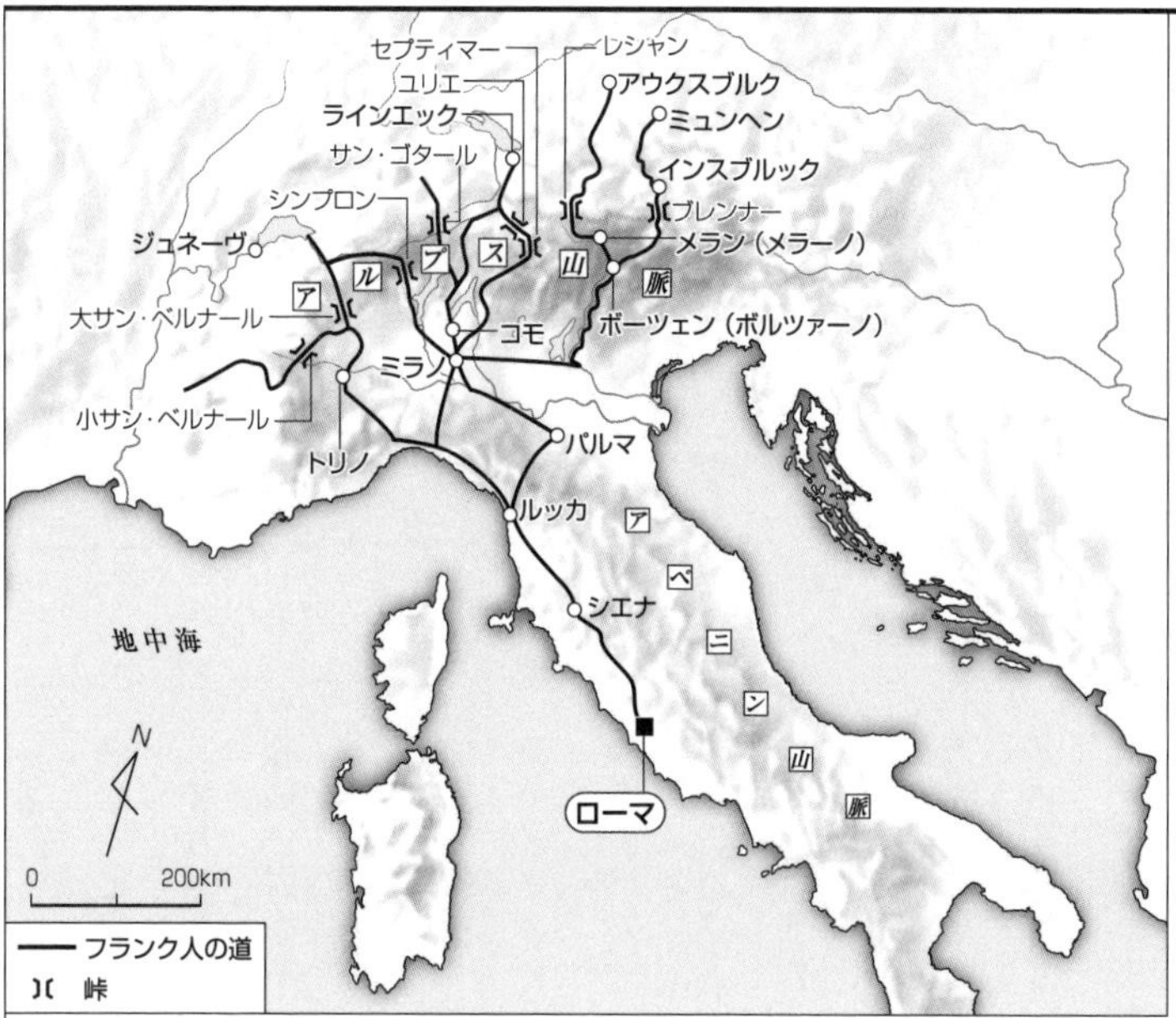

●—サンティアゴ・デ・コンポステラへの巡礼路

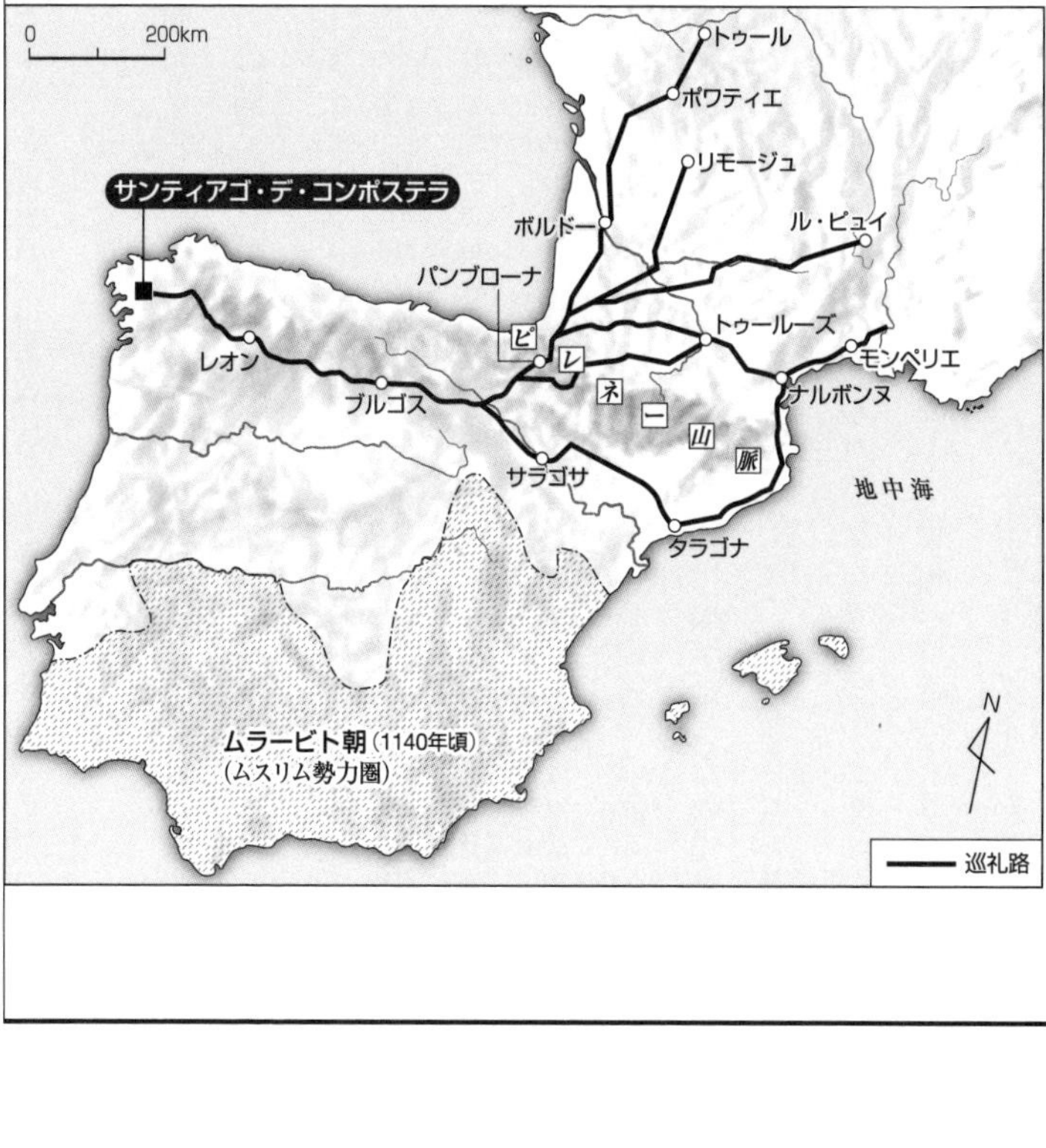

「聖戦」とが結びつき、「聖地巡礼」の武装巡礼団としての十字軍の旅立ちを促進したといえる。

キリスト教国と教皇にとって、スペインとシチリアにおける軍事行動は、異教徒に対する「聖戦」の模範例と思われた。これらの地域では「巡礼」が重要な要素だった。十一世紀にスペインの国土回復戦争(レコンキスタ)に従軍したフランス人の多くは、当初、スペイン北西部にあるガリシア地方の辺境の地サンティアゴ・デ・コンポステラの聖ヤコブ大聖堂への巡礼団として出発した者たちだった。一方、ローマあるいは南イタリアのモンテガルガーノの聖ミカエル聖堂への巡礼者、そしてイェルサレムをめざす者、またはそこからの帰途にある巡礼者たちが、ノルマン人の南イタリア征服の一翼を担ったのである。

とりわけ、キリストの受難の地であり聖墳墓の在所でもあるイェルサレムは、万難を排して詣でるべき巡礼の目的地であった。ブルガリアの支配権をめぐってビザンツ帝国と争っていたハンガリー王国が十世紀末にはカトリックに改宗し、神聖ローマ帝国との関係が密になったため、ドナウ・ルートが開け、ヨーロッパから聖地イェルサレムまでの陸路での旅がいっそう可能となった。そのため巡礼の魅力が倍加し、十一世紀後半には、イェルサレムはヨーロッパのキリスト教徒にとって宗教的にはるかに重要な巡礼地となった。ウルバヌス二世の十字軍勧説の項目の一つであったが最初は主目的とはいえなかった「イェルサレムの奪回」が、その後にあらゆる思潮の渦の向かう先となったのである。

④—十字軍の勧説と出発

クレルモン公会議でのウルバヌスの演説

実際、南フランスを巡歴中に、ウルバヌスはクレルモンでの勧説に向けた準備と根回しをしていた。ル・ピュイ司教アデマール・ド・モンテーユ▲は演説直後に十字軍参加を真っ先に誓い、教皇代理に任ぜられたし、教皇はトゥールーズ伯レイモン・ド・サン・ジル▲とはおそらくはサン・ジルで連絡をとり、参加の感触を強くもったと思われる。

クレルモン公会議は一〇九五年十一月十八日から二十八日まで開かれ、三百余名の聖職者（大司教一三名、司教二二五名、修道院長九〇名）が参会し、広範囲な事項を決定した。すなわち、俗人による叙任、シモニア、聖職者の結婚、これらを禁止する教令が再度決定された。「神の休戦」も支持された。ただし、ドイツやイングランドの司教たちは参加していなかった。

教皇ウルバヌス二世は十一月二十七日、十字軍への最初の呼びかけをおこなった。当時の報告によれば、カテドラルにはいりきらないほどの人数が集まり、

▼アデマール・ド・モンテーユ（?〜一〇九八）　ヴァランスの貴族の出身。第一回十字軍の教会側の指導者。一〇七七年にル・ピュイ司教となる。八六年から一年間東方巡礼をおこなう。ウルバヌス二世は九五年八月、クレルモン公会議出席の途次、友人である彼を訪れ、聖戦プランを話し合ったとされる。公会議での十字軍勧説直後に志願して教皇特使に任命される。軍事経験もあったとされる。一軍を率い、レイモン・ド・サン・ジル伯の大部隊に合流して東方へむかう。ドリラエウムの戦いでは自ら部隊を率いて敵の背後から奇襲し勝利に貢献。司牧者かつ外交者として力を発揮し、軍勢の士気をたびたび回復させたが、アンティオキア攻略後に疫病で病没。

ウルバヌスはその情熱的な呼びかけを市門前の広い野外で群衆に向けておこなった。東方のキリスト教徒たちの苦しみ、異教徒たちによる虐待と聖都イェルサレムの解放の必要性についてのウルバヌスの強力で劇的な演説は、年代記作者たちによれば、その演説の本文は異なったいい回しで伝えているものの、みな熱狂して受けいれられたと語っている。すでにここで、のちの十字軍のモットーである「神、そを欲したもう（神はそれを欲したもうた）」が刻印されたと思われている。

遠征の指揮者に任ぜられるル・ピュイ司教アデマールは、事前に取り決められた場面、演説の終わった直後にウルバヌスの前に跪《ひざまず》いて、行軍の許可を最初に願った。そして他の多くの者たちが彼に即座に合流したのであった。その後トゥールその他の地でも公会議が開催され、呼びかけを広めた。残りは国中に派遣された教会の遍歴説教師たちがさらなる呼びかけをおこなった。

この演説は、民衆一般に対してではなく、参集した司教と修道院長にまず第一に向けられたものであった。教皇は彼らの情熱を呼び覚まし、信者の行動に関して彼らが負っている責任を想起させる。そして、①シモニア（俗権による

▼レイモン・ド・サン・ジル（一〇四一～一一〇五、サン・ジル伯、トゥールーズ伯）　スペインのレコンキスタに参加した経験がある。ウルバヌスのフランス巡歴時に交渉をもつ。第一回十字軍で南仏軍を率いた。アンティオキア支配をめぐりボエモンと争うが敗れる。一〇九九年イェルサレム王冠を辞退。ゴドフロワとともにアスカロンの戦いの対エジプト勝利者。一一〇一年第三波の十字軍を率いてトリポリを攻めるが陥落はせず、陣没。〇九年に息子のベルトランが伯領を創設した。

ウルバヌス二世の十字軍勧説図
一四八二年の木版画。

教会財産の横領にまで拡大解釈）と精力的に戦うことを彼らに命じ、②一部の地域に蔓延する社会的混乱を非常に強く指摘し、違反者に対して破門を宣告し、③「神の休戦」の遵守に目を光らせることを彼らに督励した。演説の内容は以下の抜粋のとおりである（フーシェ・ド・シャルトル▲『エルサレム巡礼史』以下『巡礼史』と略記。訳はリシャール『十字軍の精神』による）。

【トルコ人の悪業と侵略】「トルコ人が兄弟たちの国々を侵略した。トルコ人は地中海まで、そしてより正確に言えば、「聖ゲオルギオスの腕」と呼ばれるところ（訳注：ボスポルス海峡）まで進出してきている。ローマニー（訳注：ビザンツ帝国領）内で彼らは七回もキリスト教徒を戦争で打ち負かし、キリスト教徒の土地を犠牲に勢力を伸ばし続けている。多くの者がトルコ人の刃にかかって倒れ、また多くの者は奴隷の身分に貶《おとし》められた。これらトルコ人は教会を破壊している。彼らは神の王国を蹂躙《じゅうりん》している」

【神が命ずるキリスト教徒救援を呼びかけよ】「われ（これを汝らにするのは主自らである）は次のことを汝らに勧告し懇願する。キリストの使者である汝らが、すべての者たちに、その者がいかなる階層に所属していようと、騎士であれ歩

▼フーシェ・ド・シャルトル（一〇五八～一一二七）　シャルトルの司祭。大聖堂附属学校出身。おそらくはクレルモン公会議にも参加して見聞している。第一回十字軍に従軍僧としてブロワ・シャルトル伯エティエンヌおよびノルマンディー公ロベールの軍に加わった。エデッサ伯（のちのイェルサレム王）となるボードワン・ド・ブーローニュ付き司祭としてエデッサへ。その後ゴドフロワ軍に随行してイェルサレムへ。一一〇一年頃から『エルサレム巡礼史』を著す。本書は一〇九五年から一一二七年までの時代の目撃証言であり、初期の十字軍諸国家に関する重要な資料。

兵であれ、金持であれ貧乏であれ、汝らの弛《たゆ》まざる説教によってキリスト教徒の救援に即刻赴き、この忌まわしい民族を我々の領土から遠くへ押し返すよう説得することである。神がこれを命じているとわれはここに同席する人々にいう。そしてここに同席していない人々には、われはその事を書簡で通知するであろう」

【異教徒との闘いに参加し、倒れる者すべてに赦免が与えられる】「この救援に参加し、陸上であれ海上であれ、その途次《とじ》で倒れる者すべてに、そして異教徒との戦いで落命する者すべてに罪が赦免されるであろう。そしてわれはこの赦免を、われが神から保有している権威によって、この徒行に参加する者たちに授与する」

【異教徒との戦いに参加せよ。永遠の報酬を手にせよ】「今日まで信者に多大な損害を与え、不正な私戦に明け暮れていた者たちは……異教徒との戦いに参加せよ。これまでは強盗でしかなかった者たちは、これからはキリストの騎士となる。兄弟や親戚と戦っていた者たちも、今度は正当な権利として、野蛮人と戦う。端金《はしたがね》で傭兵になっていた者たちがこれから手にするものは永遠の報酬である。心身ともに疲れ果ててしまった者は、これから二重の名誉のために働くことになる。ここでは彼らは悲惨で貧乏であった。しかし、彼の地では彼らは喜びに満ち、金持となる。ここでは彼らは主の敵であった。しかし、彼の地では彼らは主の友となる」

【銘々で出発せよ】「出発を望む者は一刻の猶予も許されない。財産を担保に、旅に必要な費用を調達し、冬と春が過ぎると同時に、神のお導きに従って出発せよ」

このようにウルバヌスの十字軍勧説の主要部分では具体的に、①東方キリスト教徒の救援と対トルコ遠征、②社会の上層部たる「教会の幹部・聖職者、騎士以上の貴族」への参加（費用自弁）の呼びかけ、③異教徒との戦いにより神からえられる「罪の永遠の赦免」が説かれる。そして④キリスト教徒の勧めと、⑤「神の平和・休戦」による後方安定を保証し、⑥領土や現世の経済的利益を説く。

『巡礼史』にはイェルサレムへの直接の言及を見出せない。教皇がイェルサレムを十字軍の目的地として提示したことは否定できないし、この演説とは別個のクレルモン公会議の決議事項の一つには、「名誉や富を獲得しようとの野望によらず、信仰のみによって導かれ、神の教会を解放すべくエルサレムに向けて出発するすべての者は苦行としてのこの巡礼を成就した者とみなされるであろう」と記されている。聴衆の感激は教皇の期待以上であったが、実施計画は未完成であったと思われる。その場に欠けていたのは世俗の諸侯たちだった。現場で参加表明したのは身分の低い者たちであり、実際に諸侯貴族の十字軍が出発するまで一年弱の時間を必要とした。ウルバヌス自身もフランス各地をめぐり、また、説教者を派遣してこの企てへの貴族たちの参加を呼びかけ続けた。

フランドル人宛の手紙

ウルバヌスはクレルモンからさらに旅を続け、クリスマスをリモージュで過ごし、ここでも大聖堂で十字軍について説教するとともに、フランドル地方の全信者に宛て書簡を送り、クレルモン公会議の決定について報告し、支援を求めている。これ以後、諸侯たちの反応が加速するのである。

フランドル人宛の手紙のなかで、教皇ウルバヌス二世の意図は、クレルモン

▼**（聖ペテロの）縛り解く権威**　『新約聖書』の「マタイによる福音書」第一六章一九節に由来する。キリストがペテロに天国の鍵を授け、ペテロが地上でつなぐ（縛る）ことは天でもつながれ、地上で解くことは天でも解かれるとした。

聖ペテロの鍵　この二重の鍵はペテロの権威をあらわし、ペテロの後継者たる教皇の権力の根拠を示す。『聖アンセルムスの瞑想録』（十二世紀）

演説よりも明確なかたちで伝えられている。

　司教にして神の僕《しもべ》の僕、ウルバヌス［二世］はフランドルに住むすべての信者、諸侯と彼らの臣下たちに使徒の挨拶を送る。

　兄弟たちよ。われは汝らが、野蛮人の狂気が信者たちを哀れにも虐待することによって、東方にある神の教会を荒廃させたこと、そしてさらに彼らはキリストの受難と復活で有名な聖都を占領しその中の教会とともに耐えられない隷属の状態に陥らせたことを数々の報告によってすでに知っていると思う。このことは、恐怖なくして語れない事柄である。この不幸に対する憐憫《れんびん》から、われわれはフランスを訪問し、この国の諸侯の大半と彼らの臣下たちに対して、東方の教会を解放するよう懇請した。われは、われの代理として、われの親愛なる息子、ル・ピュイ司教アデマールをこの遠征と企画の長に任命した。したがって、勇敢さからこの行進を企てようと望む者は彼の指令に、あたかもそれがわれの指令であるごとく、服従しなければならない。そして彼の行使する（聖ペテロの）縛《しば》り解く権威▲に、それがこの企てに適切である限りにおいて、完全に従わなければならない。

もし神が汝らにこの誓願を行うよう勧めたならば、そのものたちは聖母マリアの被昇天の大祝日(訳注：八月十五日)に出発し、そしてこの企てに参加できるのも神の助けを得てのことであることを知るべし。(訳は『十字軍の精神』による)。

この書簡によって、教皇が①ル・ピュイ司教アデマールを代理に任命し、②諸侯と臣下たちに翌年の八月十五日を期して東方へ出発することを命じ、そして③この行軍に参加すること自体が神の助けをえてのことである、ということを明確に示した。

リモージュから北上した教皇は、ポワティエを経て一〇九六年三月にトゥールで教会会議を開いた。ここでも群衆に十字軍参加を説く。そこから南下してアキテーヌ地方を通って、ボルドー経由でトゥールーズへ行き、五〜六月にこの地に滞在し、レイモン伯と何度も協議している。レイモンはニームまで教皇に随行した。ニーム滞在中にフランス王フィリップ一世より、クレルモンで自らが破門された不義の件では教皇に服従するとの誓約もとりつけた。六月末にウルバヌスはプロヴァンスへはいり、そこからアルプス越えでロンバルディアへと向かった。

ボローニャ市民宛の親書

八月にイタリアにもどった教皇は、イタリアでも十字軍勧説をおこなった。しかし九月のボローニャ市民宛ての親書では、十字軍の勧めは以前よりは慎重であり、この企てをまず第一に「巡礼」と位置づけている。

そなたたちの中には、エルサレムに行きたいと願う人もいると聞き及んだ。承知であろうが、これを大変嬉しいことと思う。なれば、このことを知らせよう。欲に目が眩《くら》んで俗世での利益を追い求めるのではなく、魂の救済と教会の解放のみを願ってこの旅に出発する者は誰でも、事前に告解という真実にして完璧な秘蹟を成したならば、罪の懺悔をすべて免除される、ということを。そういう者は神と隣人への愛のために尽くし、財産を捧げるからである。

しかし、聖職者や修道士が司教や修道院長の許可なく巡礼に出かけることを禁ずる。さらに、司教は教区民を聖職者の付き添いなしに絶対に出発させてはならない。また妻たちの同意なしに性急にこのような旅路につかぬよう、若い既婚者たちのも配慮しなければならぬ。

全能なる神が、神への愛と畏敬において力をお授けくださるように。そして、あらゆる罪と過ちから解き放ち、完全な慈愛と真の敬虔をもたらしてくださるように。（訳は『十字軍大全』による）

教皇はこの行進を「巡礼」と位置づけ、①これにより罪障の赦《ゆる》しがえられること、②聖職者の付き添いがある巡礼行であること、③既婚者は妻の同意をえること、などを条件としているのである。すなわち、誰でも参加せよというのではなく、参加者の精選を求めた。次に述べる「民衆十字軍」にみられる民衆の熱狂は、イタリアでも拡大していたが、ウルバヌスにはもはやそれを鎮静させることはできなかった。

最初の十字軍は誰たちか

莫大な資金と大勢の随員を必要とする諸侯貴族たちが、入念に遠征の支度を調えている間に、貧しい庶民たちは老若男女を含め大挙して、隠者ピエール▲な

▼隠者ピエール（一〇五〇頃～一一一五）　北フランス、アミアン地方出身の隠修士。十二世紀の歴史著作者たちの記述ではイェルサレム巡礼をし、ウルバヌスと出会い、十字軍の当初からの呼びかけに主導的役割を演じたとされるが、信憑性は薄い。カリスマ的説教者として北フランス・西ドイツで十字軍勧説をおこない、反ユダヤ人と民衆の参加という二つの新要素を加えた。「民衆十字軍」を率いてコンスタンティノープルにいたる。群衆は小アジアで全滅するが、彼は逃れてゴドフロワの部隊に合流。アンティオキア攻防のさいに離脱をはかるがタンクレードに引きもどされ失敗。イェルサレム入城後、一一〇〇年にフランスに帰還。ベルギーのアウグスティヌス派修道院長となり一生を終える。

る者を頼ったと、同時代の教会人ノジャンのギベール▲は『フランク人による神の御業』で述べている。

　私の間違いでなければ、彼はフランスのアミアンの出身で、北フランスのある場所で—どことは知らないが—修道士の法衣を身につけて孤独な生活を送っていた。目的は定かではないが、彼はそこを離れ、都市や町で辻説教をしてまわった。彼は群衆に取り囲まれ、数々の喜捨を受け、聖なる者の模範として歓呼して迎えられ、私の知る限り誰も受けたことがないような栄誉に与《あずか》ったのだった。贈られたものの中から貧者たちに大変気前よく施しをしたからだ。彼は娼婦たちを嫁がせ、しかも持参金まで与えたのである。彼は驚くべき権威を持って、諍《いさか》いを鎮め、四方八方に平和をもたらした。事実、彼の言行は、神のような威厳のあるものであった。彼の驢馬のたてがみが引き抜かれ、それを聖遺物として崇めるほどであった。このことは真実を愛するがゆえではなく、民衆が目先の変わったものを愛するということを示すために記しておこう。

　彼は質素この上ない羊毛製のチュニックと、その上に頭巾のついたケー

▼ノジャンのギベール(一〇五五?～一一二五頃)　一一〇四～〇八年の間に『フランク人による神の御業』を著す。自らは聖地に赴くことはなかった。無名氏による『フランク人の事績』(一一〇〇～〇一年)にみられる十字軍の騎士的勇武の物語から、それを基本としつつも神学的文脈での歴史叙述(神の御業の物語)へと重点を転じた。著作中で隠者ピエールについては好意的に詳しく言及している。

▼隠者ピエールと「民衆十字軍」　引率しているのは、実際は装備不十分な「民衆十字軍」であった。十四世紀の写本の挿絵。

プを身につけていた。両方とも丈は踝《くるぶし》まであった。さらに袖無しのマントを羽織っていた。しかも彼は裸足で歩いていたのだった。葡萄酒と魚を糧として、パンはめったに、もしくはまったく口にしなかった。この男が大軍勢を触発しハンガリーを越える旅に出る決意をさせたのは、ひとつには彼の高い評判と、またひとつには彼の行った説教のためであった。（訳は『十字軍大全』による）

として、ギベールは民衆がピエールを崇める様《さま》を批判的に記しながらも、彼の風体や行動については評価をしている。その評価が当時においても相反したこの人物は、生き延びて帰国し、晩年は一地方の修道院長として余生をまっとうする。

隠者ピエールと「民衆十字軍」

ウルバヌスが呼びかけた、高位聖職者と王侯貴族からなる「十字軍」が、準備期間を要していた間に、第一波として隠者ピエールの十字軍▲熱に触発された遠征隊が、一足先に大集団となって東方をめざした。ピエールとその烏合《うごう》の衆はケルンに集まり、一〇九六年四月に出発し、ライン・ドナウ川ぞいに進み、老若男女、農奴、無産者、冒険者たちの無秩序な群れとなって、「キリストの敵」をユダヤ人へも拡大しつつ、ライン川ぞいにクサンテンからシュパイアーまでの諸都市で、残酷な大量殺戮《さつりく》(とくにヴォルムス・マインツにて)を引き起こし、そしてまた、進軍途中のハンガリーでも略奪を繰り返し(アーヘンのアルベルト▲による)、地元勢力との争いのなかで命を落としつつも、八月にコンスタンティノープルにいたった。道すがらの諸都市では、ユダヤ人虐殺を阻止しようと多数の司教や教会人が努力をしたが空しかった。

ビザンツ皇帝アレクシオス一世の皇女アンナ・コムネナ▲は、この「軍勢」の光景を目にした時のビザンツ人の驚愕を綴り、彼らのアナトリアでの運命を記している(『アレクシアス』▲)。

あたかも心の中に神聖な声を伝えたかのように、隠者ピエールはフランク人を鼓舞し、至る処から武器、馬その他の軍事必需品をかき集めた。全員の熱意と熱心さのほどはといえば、街道という街道をおおい尽くし、兵士たちとともに砂や星よりもなお多い名もなき群衆が、棕櫚《しゅろ》を手に、肩には

▼アーヘンのアルベルト(生没年不詳)　一一二〇〜五〇年の間に『第一回十字軍史』(一一九年まで)を著す。一〇九六年のドイツのライン川沿い地域での、民衆十字軍の一部を構成するライニンヘン伯エーミッヒらによるユダヤ人虐殺についても記述。また、ドリラエウムの戦いの死者は十字軍側四千、トルコ側三千と記述。エデッサのトロス公の失脚・死亡と、ボードワン・ド・ブーローニュの支配権掌握に関しては、後者の関与を強く疑っている。

▼アンナ・コムネナ(一〇八三〜一一四八以降)　ビザンツ皇女、アレクシオス帝の娘。弟のヨハンネス二世(在位一一一八〜四三年)を排除して夫ニケフォロス・ブリュエンニオス(将軍、一一二〇年没、ビザンツ帝国の『歴史』を著す)を養子・後継者とするよう、死の床の父を説得したが失敗し隠退。父帝を讃える『アレクシアス』を老境で叙述。第一回十字軍と参加していた西方の諸侯たちのようす・人物像、ビザンツ帝国内の事

情を知る貴重な資料。人物描写は、出会いから執筆までの長い時間経過を考慮しても優れているといえる。

▼『アレクシアス』　皇女アンナ・コムネナが一一三七～四七年に著した。父アレクシオス一世コムネノス帝の長い治世の諸局面を網羅する構想で書かれた歴史書。最初の三巻は、帝位を簒奪したというコムネノス家への非難に対する弁明を意図。第四～九巻は、ノルマン人・スキタイ人・トルコ人・クマン人との戦争にあてられ、第十、十一巻では第一回十字軍時代について、西欧側の記録と十二分に対比できる記述を残す。最後の二巻は、さらなる戦争、異端への対応（マニ教徒とボゴミール派の根絶）などが記されている。

十字架を担いで歩き、その中には故国を後にした女子供さえいる始末だったのだ。それはまるで、河が四方八方に流れているようで、大半がハンガリーを通過して、全速力で私たちの国に向かって来つつあった。

皇帝アレクシオス一世コムネノスは、ピエールに別のキリスト教徒軍を待つように忠告した。しかし、ピエールはそうしなかった。

彼に追従する者たち（フランス人、ドイツ人、イタリア人）の数の多さを恃《たの》み、ボスフォラスを渡り、ヘレノポリスという小さな村落で野営したのであった。しかし、一万人ものフランス人や十字軍兵士たちが本隊から離れて、ニカエア近くのトルコ人領地を略奪し残虐の限りを尽くした。（中略）ニカエアの都市の人々は何が起こっているのかを知り、門を開いて十字軍に立ち向かった。激戦となり、隠者ピエールの追随者たちは果敢に抗戦し、ニカエア側は退却を余儀なくされた。

侵略者たちが略奪品すべてを我が物としてヘレノポリスに戻ってきた。こうした場合にはよくあることだが、彼らと、後に残って心中密かに嫉妬の炎をたぎらせていた者たちとの間に諍いが起こった。それから大胆不敵なドイツ人たちは本隊から離れて、クセリゴルドン城に行き、急襲して奪った。トルコのスルタン、クルジュ・アルスラーン▲は何が起こったか知り、彼らに対して十分な軍勢を送った。彼はクセリゴルドンを奪還し、ドイツ人を刃《やいば》にかけ、あるいは捕虜にした

　クルジュ・アルスラーンは奇襲するにふさわしい場所に兵を潜ませ、ニカエアに向かう者がその罠にかかり、捕らえられるように手筈《てはず》を整えた。フランク人が金に目のないことを知っていたので、彼はさらに二人の精力的な男をピエールの陣営に赴かせ、分遣隊がニカエアを陥落させ、略奪品を分配している、と報せるよう指示を与えた。この報せがピエールの仲間たちにもたらされると、彼らは全くの混乱状態に陥ったのであった。鹵獲《ろかく》品と金の噂が伝わると、彼らは秩序を乱し、兵法も戦場に赴く者たちに必要な規律も忘れ、即刻ニカエアへの道を辿り始めた。

　ラテン人は一般的に金に目がないということで知られている。しかし、一国の侵略ともなれば、まったく抑えが効かなくなり、理性など吹き飛んでしまうのだ。こうした兵士たちが何の秩序もなく進軍し、ドラコン近く

▼クルジュ・アルスラーン（在位一〇八六～一一〇七）　ルーム・セルジューク朝君主、一〇九二年ニカエアを首都とするルーム・セルジューク国家を回復。九六年十月、第一波の民衆十字軍を壊滅させる。第二波の諸侯・貴族十字軍には抗しえず、九七年五月ニカエア陥落し撤退。ドリラエウムの戦いに敗北、十字軍のアナトリア進軍を許す。しかし一一〇一年の第三波十字軍に対してはこれを破り、進攻を阻止。〇七年殺害される。

▼フランク人　もともとは五世紀に西ローマ帝国領内に侵入し、王国を建てたゲルマン人の種族の名。中世中期までには、北・中部フランスおよび隣接する神聖ローマ帝国領内（例えばロートリンゲン地方）のフランス語を話す人々を指す呼称となった。十字軍時代には、東地中海地域の人々が十字軍士およびパレスティナへの定住者たちを指す呼称へと拡大した。

のトルコ軍の潜伏場所に入り込み、殲滅《せんめつ》の憂き目に遭った。大勢のフランク▲人がトルコ軍の刃の犠牲となったが、虐殺された兵士たちの散在する屍が集められ、単なる丘や塚や小山ではなく、人骨でできた驚くほど大きな山を築いた。（以上の訳は『十字軍大全』）

詳細に伝えられたごとく、「民衆十字軍」はアレクシオス帝によって首都から早々に対岸に送り出されたものの、一〇九六年夏にはトルコ勢力の攻撃により小アジアで壊滅し、荒野に屍を曝《さら》した。

貴族の十字軍

皇女の回想録は隠者ピエールに追随した民衆と兵士たちの無規律さと、引き続いて到来した「十字軍」の「フランク人」の気質や無計画・統率のなさを指摘している。『アレクシアス』の批評とほとんど変わらぬありさまの貴族の十字軍であるが、この第二波は教皇特使に任ぜられ、この企ての精神的指導者となったル・ピュイ司教アデマールのほか、軍事指揮者は複数で、ゴドフロワ・ド・ブイヨン▲、その兄のブーローニュ伯ユースタス▲、同じく弟のボードワン・

▼ゴドフロワ・ド・ブイヨン（一〇六〇頃〜一一〇〇）　ブーローニュ伯ユースタス二世の次男。母イダは下ロレーヌ公ゴドフロワ二世の娘。母方の兄弟より一〇七六年にアルデンヌのブイヨン城を中心とする領地を相続。八七年に下ロレーヌ公。第一回十字軍指導者の一人。九六年八月に独仏混成のロレーヌ軍（彼の縁者が多い）を率いて出発。イェルサレム占領後は初代の王に選出されるが、「聖墳墓の守護者」の称号をおびる。

▼ユースタス・ド・ブーローニュ（?〜一一一八以後、ブーローニュ伯ユースタス三世）　イングランド南東部にも大封を有した。二人の弟とは別に、フランドルとイングランドの十字軍士を率いて、フランドル伯、ノルマンディー公とともにコンスタンティノープルへ。終始両者と行動をともにした。イェルサレム攻囲ではゴドフロワ軍に加わり、アスカロンの戦勝（一〇九九年八月）直後に帰郷した。一一一八年に没したイェル

ド・ブーローニュ、フランドル伯ロベール、ノルマンディー公ロベール、フランス王フィリップの弟のヴェルマンドワ伯ユーグ▲およびその妹婿のブロワ伯エティエンヌ、トゥールーズ伯レイモン・ド・サン・ジル、ノルマン人のタラントのボエモンと甥のタンクレードといった面々（六四・六六・六九・七四・七五頁上段参照）。それぞれが同等の仲間として、有能な軍事指揮者として集まったがゆえに、誰もが他者の上級命令権を甘受する気はなかった。これがのちにパレスティナに複数の十字軍国家を成立させるゆえんとなった。

　ゴドフロワはロートリンゲン（ロレーヌ）、フランドルの騎士たちとともに出発し、ドイツからドナウ・ルートでハンガリー、ブルガリアを経由して帝都コンスタンティノープルにいたる。レイモン・ド・サン・ジルは南フランスから陸路ダルマティア海岸沿いの道をたどり、デュラッツォでフランドル伯と合した。同伯はイタリアを行軍してバーリから海路やってきたのである。ブリンディシからやはり海路来った南イタリアのノルマン人たちは、オフリドでこの大軍にでくわした。互いの摩擦を避け、行路を別々にした彼らの集合地は教皇が指示したコンスタンティノープル。そこからのさらなる前進はアレクシオス帝

サレム王ボードワン一世の後継者に指名されたが、南イタリア到着時にいとこのボードワン・ル・ブルクが王位に就いた報を受けて帰郷した。

▼ユーグ・ド・ヴェルマンドワ（一〇六〇頃〜一一〇八）　フランス王フィリップ一世の弟。一〇九六年、フランス軍を率いて出発する。アンナ・コムネナによれば、彼はローマ教皇より与えられた聖ペテロの金旗を掲げていた。アドリア海で難破して兵員の多くを失い、アルバニア海岸に打ち上げられた。地元当局者に救われ首都へともなわれたという。アンティオキア占領後、コンスタンティノープル経由で帰国。巡礼未達成を責められ、一一〇一年の第三波に参加したアキテーヌ公ギョーム九世の軍に加わり、九月にアナトリアを縦断中に負傷し、タルススにて十月十八日に死去。

第一回十字軍進路

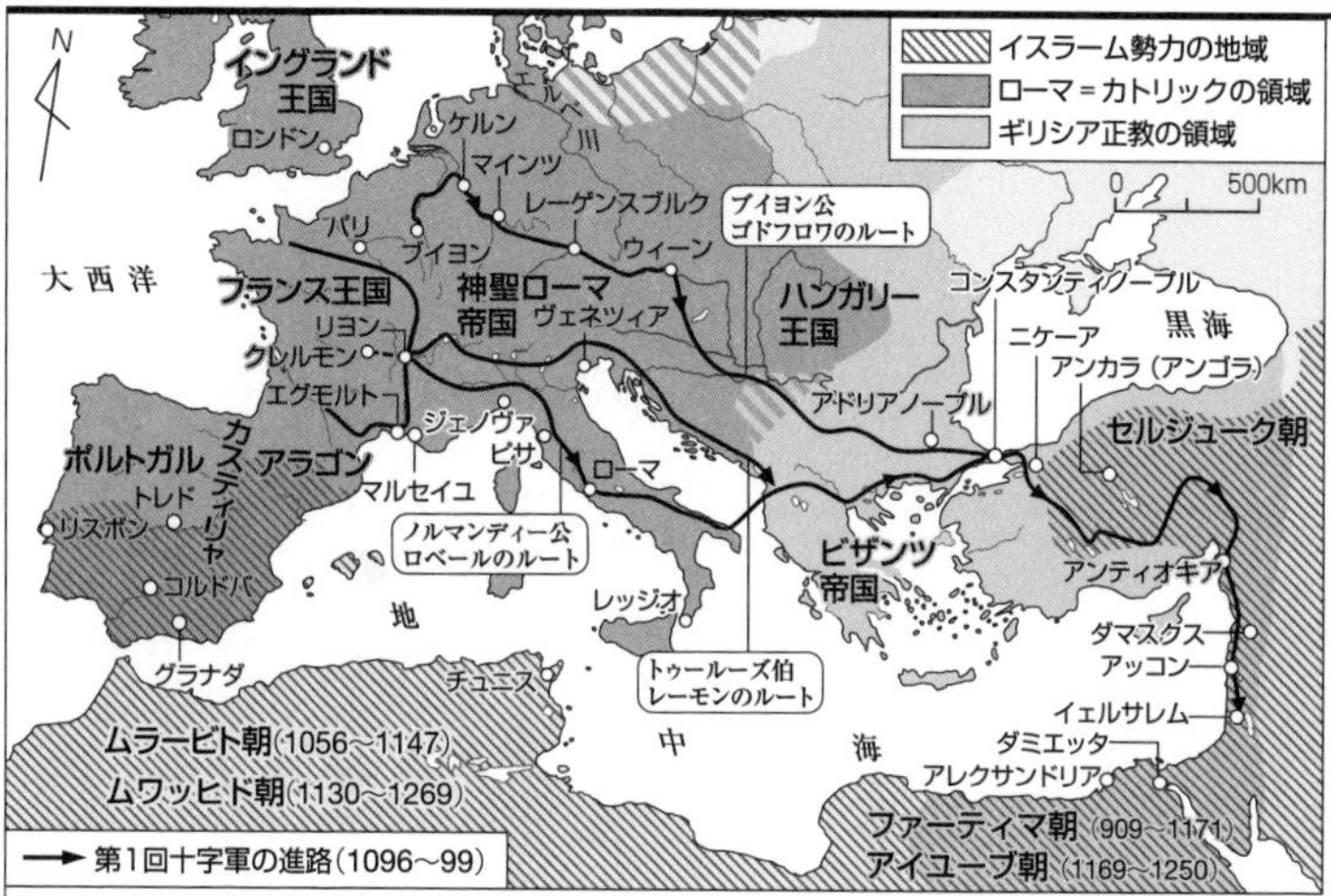

イスラーム勢力の地域
ローマ＝カトリックの領域
ギリシア正教の領域
N
0 500km
イングランド王国
ロンドン
ケルン
マインツ
レーゲンスブルク
パリ
ブイヨン
ウィーン
ブイヨン公ゴドフロワのルート
大西洋
フランス王国
神聖ローマ帝国
ヴェネツィア
ハンガリー王国
リヨン
クレルモン
エグモルト
ジェノヴァ
ピサ
ポルトガル
カスティリャ
アラゴン
マルセイユ
ローマ
トレド
リスボン
コルドバ
グラナダ
ノルマンディー公ロベールのルート
地
中
海
レッジオ
チュニス
トゥールーズ伯レーモンのルート
ムラービト朝(1056〜1147)
ムワッヒド朝(1130〜1269)
コンスタンティノープル
ニケーア
黒海
アンカラ（アンゴラ）
アドリアノープル
セルジューク朝
ビザンツ帝国
アンティオキア
ダマスクス
アッコン
イェルサレム
ダミエッタ
アレクサンドリア
ファーティマ朝(909〜1171)
アイユーブ朝(1169〜1250)
第1回十字軍の進路(1096〜99)

第二波＝貴族・騎士の十字軍。

十字軍諸国

ハリス川
エデッサ伯領[1098〜1146年]
ユーフラテス川
ヴァーガ
コソン
ルーム＝セルジューク朝
マラシ
アインタブ
アッカーレ
マラシュ
サモサタ
キリキア門
グレク
クム
ビルジーク
小アルメニア王国[1081〜83, 1198〜1375年]
アダナ
エデッサ
アマヌス門
トゥルベッセル
タルスス
アヤス
バヤス
マナウガト
コリコス
ザヴランダ
シリア門
ラヴェンデル
アナムール
アンティオキア
アレッポ
セシン
ジランデール
サオーヌ
アンティオキア候国[1098〜1268年]
ラタキア
カファルタブ
ファマグスタ
マルガ
ハマ
ニコシア
トルトサ
クラック・デュ・シュヴァリエ
コロッシ
リマソル
アリマ
ホムス
トリポリ
アッカール
キプロス王国[1192〜1489年]
ビルガーベルク
トリポリ伯領[1102〜1289年]
ジブレ
ベイルート
シドン
ティロン
ダマスクス
ボーフォール
地中海
ティルス
イェルサレム王国[1099〜1187(1244)年]
アッコン
シャトー・ベルラン
ハッティン[1187]
ヨルダン川
ベルヴォワール
ナブルス
アイルン
ヤッファ
イブラン
アスカロン
イェルサレム
ダミエッタ
ダロン
ベト・ジブラン
0 100km
マンスーラ
ガザ
ケラク
ブランシュ・ガルド
タフィラ
1291年までのキリスト教徒の最終領地
モンレアル
ファーティマ朝
ペトラ
十字軍側城塞
イスラム教側城塞
N
イール・ド・グラーユ
アカバ

と取り決めることとされていた。教皇が指導的役割を求められたのだが、これはウルバヌスには重すぎた。一〇九六〜九八年の間も、ハインリヒ四世陣営との厳しい闘いが依然続いていたからである。

フランドル伯ロベール▲は、進軍の途次教皇に会っている。同名の父がイェルサレム巡礼をはたし（一〇八六年）、その帰路に短期間であったがアレクシオス帝に仕えたこともあり、イスラーム教徒に対する父の跡を継ごうと出陣した。彼の部隊にはブラバントの部隊も加わり、一〇九六年六月にルッカを通過するさいに、クレモナからローマにもどる途中で同市に滞在中のウルバヌスに会見することができた。教皇は彼らに特別の祝福を与えたのである。

参加費用の捻出

十字軍勧説に共鳴して十字軍士となったフレトヴァルのニヴェロからシャルトルの聖ピエール修道院に宛てた証書を引用しよう。

私ニヴェロは、多くの人々の心の中に心の卑しさを生ぜしめたところの生来の貴族へと立身したが、私の魂の救済のために、これがために私に与

▼ロベール・ド・フランドル（?〜一一一一、フランドル伯ロベール二世）富裕な彼は自前で資金調達し、一〇九六年秋に出発、南イタリアから船でバルカン南部に上陸しコンスタンティノープルにいたる。レイモン・ド・サン・ジルを説得して、十字軍士が求められたアレクシオス帝への忠誠誓約をおこなった。ニカエアからアスカロンまでの主要な戦いに参加。アスカロンの戦いののち、コンスタンティノープル経由で一一〇〇年に帰郷。

●―十字軍士の装備　左端の戦士は十一世紀に典型的な鼻当て付き兜と鎖帷子を身につけている。

●―祈りを捧げる十字軍士　十三世紀、イングランドの『詩篇集』挿絵。

●―聖餐を拝受する十字軍士（ランス大聖堂）

えられし大金と引き替えに、聖ピエールのためになるように、悪しき慣習に由来するところの圧制的な振る舞いを放棄する。私は聖ピエールの土地を荒々しく衰弱させた。すなわちエンプランヴィルとその周辺の土地をである。習いとなっていたやり方で、その地の住民から財物を奪い取るという方法によってである。騎士的な攻撃の凶暴さが私をかき立てる時は前述の村に襲いかかったものだった。私の部下の騎士たちと従者たちの群れを引き連れて、自然にさからって聖ピエールの人々の財物をわが騎士たちの食料へと変えたものだった。

　そしてそれ以来、神が私に与えることのできる私が犯した罪の赦しをえるために、今までその子らとともに奴隷にされてきたエルサレムへの巡礼に、私は行くところである。私が苦悩を捨てる代償に、修道士たちは私にデナリウス貨幣で一〇ポンドを約束の旅の費用のために与えてくれた。

(Atlas of the Crusades より)。

従前地域を荒らしていた騎士が、「改心」して「エルサレムへの巡礼」(十字軍従軍)を発願し、前非を悔いて、乱暴狼藉をあらため、修道院より旅行費用

▼ロベール・ド・ノルマンディー

(一〇五三〜一一三四、ノルマンディー公ロベール二世在位一〇八七頃〜一一〇六)　ウィリアム征服王の長男。一〇七八年以来父に反抗し、父は死の床でしぶしぶノルマンディーを遺贈したが、イングランド王冠は次男ウィリアム二世に遺贈した。十字軍参加にさいして公領を担保に弟から資金をえる。部隊には従軍司祭アルヌール・ド・ショック(のちの初代イェルサレム総大司教)とノルマンディー・ブルターニュをはじめ、フランス人、イングランド人を含んでいた。ニカエアからアスカロンまでの主要な戦いに参加し、その後コンスタンティノープル経由で一一〇〇年九月にノルマンディーにもどる。弟のヘンリ一世王と争い、〇六年に敗れてとらわれ、幽囚のうちに死去。

を用立ててもらった様が述べられている。当時の人々の心性のあらわれをうかがうことができよう。と同時に、理念と現実の急接近した時代相をみることもできるだろう。

　十字軍の準備には資金調達など多大な困難がともなったことを示すもう一つの例が、ノルマンディー公ロベール▲のケースである。彼は遠征費用を捻出するために、自己の領地を弟であるイングランド王ウィリアム二世「赤顔王」▲の抵当にいれた。イングランド人年代記作者マームズベリのウィリアム▲は、ルーファス（赤顔王）がロベールから公国を買い取ろうとしただけでなく、さらに聖職者と平信徒の両方に課した経済的圧迫について詳述している。

> 　一〇九六年ノルマンディー公ロベールは、ウルバヌス二世の要請に応じて突然エルサレムに行く決心をした。公は弟のイングランド王ウィリアム二世に領土を抵当に入れ、一万マルクを工面したのだった。この貸金を捻出するために、今度はルーファスがイングランド全土に耐えがたい税を課した。司教や修道院長が大挙してルーファスの宮廷にやって来て、その過酷さに関して陳情に及び、哀れな百姓たちを追い詰めずに徴収することは

▼ウィリアム二世（イングランド王在位一〇八七〜一一〇〇、赤顔王）　ウィリアム征服王の次男。一〇八七年長兄ロベール派の反乱を鎮圧。九三年、アンセルムスをカンタベリ大司教に任じたが、教会の権利拡大をはかる彼と対立して放逐。兄であるノルマンディー公ロベールの十字軍資金貸与を機に王国に「十字軍税」を導入。

▼マームズベリのウィリアム（一〇九〇頃〜一一四三）　イングランドの歴史家。若年にてマームズベリ修道院にはいり、司書として勤める。自著のはじめに自らの人生を記している。おもな著書は『司教事績録』『国王事績録』。それぞれアングロサクソン時代から一一二五年頃までの記録である（増補した四〇年代までの記事を含む）。

できないと訴えた。すると、廷臣たちはいつもの皮肉な調子でこのような返答をしたのである。「あなたたちは、死者の骨をいっぱい納めた、金や銀でできた聖骨箱をお持ちではありませんか？」と。

聖職者たちは廷臣の言わんとしたことを察し、聖骨の入った小箱を解体し、キリストの受難像を取り外し、聖杯をも溶かした。貧者に施しをするためではなく、王の富を増やすために。われわれの先祖が敬虔にも質素倹約して蓄えたほとんどすべてを、こうした略奪者どもの貪欲さが蕩尽《とうじん》したのである！（訳は『十字軍大全』による）

ウルバヌスの勧説と裏腹に、世俗君公のなかには、イングランド王のように、十字軍資金確保と自らの欲望をかなえるために、教会からも多額の税を徴収しようとする者がいたのは確かである。

⑤—聖地へ

アレクシオス帝と十字軍

教皇ウルバヌス二世は、アナトリアを横断してパレスティナに向かう前に、コンスタンティノープルに集結するよう諸侯に呼びかけた。民衆十字軍については、彼らを対岸に送り出したが、アレクシオス帝が驚いたことに、今度はただの傭兵軍ではない。二〇万をこえると推定される大軍である。一〇九七年四月になって到着したタラントのボエモン▲が最後であった。

ノルマン人たちこそはビザンツにとっては昔からの敵であり、南イタリアやバルカン地域で戦ってきた相手である。彼ら十字軍が野心のなさや敬虔さとは対極にあることははっきりしている。当時、一四歳の皇女アンナ・コムネナは、ボエモンに魅了されると同時に、反発を覚えたのである。

野蛮人であれギリシア人であれ、ビザンツ帝国においてはボエモンに比肩しうる者はいなかった。彼を見た者は驚きを禁じ得ず、その名を耳にしただけで恐れおののいた。

▼**タラントのボエモン**(一〇五〇頃〜一一一一) プーリア伯、アンティオキア公。ロベルト・ギスカルドの長男。一〇八一年以降父とともにアドリア海岸地域でビザンツ帝国と戦う。八九年ウルバヌス二世がバーリに避難。九六年膨大な数の巡礼十字軍が南イタリアからバルカンにわたるにおよび、参加を決意、秋に渡海し、翌年四月にコンスタンティノープルへ。九八年アンティオキア攻略後、レイモン伯を排除して同地の君主となる。一一〇〇年八月、ムスリム勢力とシリア方面で戦い捕虜となり(〇三年解放)、イェルサレム王になれずに甥のタンクレードを摂政に残し、〇五年イタリアにもどる。教皇パスカリス二世の承認をえて新たなビザンツ侵攻を企図し、〇七年秋アルバニアに上陸するが敗れ、アレクシオス帝に臣従してアンティオキアを封とする。イタリアに帰国後死去。

▼『フランク人及び他のエルサレムへの巡礼者の事績』(作者不明。成立時期は一〇九八〜一一〇一頃)　タラントのボエモンのことを「主君」と呼んでいることから、著者は同郷のノルマン人で騎士身分と推測される。ボエモンがアンティオキアに残ってからは、著者はレイモン伯の部隊とともにイェルサレムまで従軍する。記述全体の三分の二ほどがアンティオキア攻防にあてられている。

この男にはある種の際だった魅力があったが、まわりの者へ放つ恐怖のために、それは薄められていた。というのは、一つには彼の体格と、また一つには容貌のために、酷薄で野蛮に見えたからである。彼の哄笑でさえも他の人を怖れさせた。その心身気質はといえば、勇気と愛が内側から湧き上がってくるようで、戦に向いていた。

彼はあらゆる事態を予測し、何にでも挑戦し、いかなることにも飛び込んでいった。話しかけると、常に曖昧な返答が返ってきた。ボエモンの人となりと身体的特色は以上である。わが父帝のみが、幸運にも雄弁さと天与のもので彼を上回っていた。(『アレクシアス』による)

アレクシオスはボエモンを信用しなかった。「皇帝は、気高い男ボエモンがコンスタンティノープルに到着したことを聞き、敬意をこめて歓迎せよと下命した。しかし用心深く市外で遇するようにとも命じたのである」(『フランク人及び他のエルサレムへの巡礼者の事績』▲、以下『事績』と略記)

煩悶し、怒り心頭に発していた皇帝は、巧言令色をもってこれらキリストの戦士たち(ボエモン、ゴドフロワ、その弟のボードワン。レイモンは近郊にいた)を籠絡しようとした。しかし、神の恩寵によって、皇帝もその臣下の者も、この陰謀を実行する時と場所を見出すことはできなかったのであった。(『十字軍大全』、なお『事績』参照)

ビザンツ帝の危惧と猜疑、コンスタンティノープルの規模と豊かさへの驚き、十字軍の諸将が皇帝に誓った次第を、フーシェは綴る(『巡礼史』)。

　われわれの中に、自分に危害を加えようと企んでいる者がいるのではないかと危惧した皇帝アレクシオスが許可しなかったため、われわれはコンスタンティノープルに入城することはできなかった。……一度に五、六人以上のグループが市中に入ることは許されず、一定の時間が経たないと次のグループは入城できなかったのである。一つのグループが戻ってくると、別のグループが教会で祈禱するために市内に入ったのだった。

　ああ、何と素晴らしく高貴な都市であることか！　何と見事な修道院や宮殿があり、驚くべき匠の技でつくられていることか！　通りや郊外さえも驚嘆を禁じ得ない建造物がいかばかりあることか！　そこにあるあらゆる品物、金・銀製品、ありとあらゆる衣服、聖遺物は枚挙に暇がなく、と

馬上のキリストが率いる軍勢　左上に聖ヨハネが見守っている。一三一〇年頃のフランスの写本挿絵。

キリストの前に立つアレクシオス帝

ニカエアの陥落　一二〇〇年頃、フランスの写本。

うてい書き尽くせない。

われわれが十分英気を養い、休養すると、我らが諸将たちは皇帝と諮り、皇帝の意を受けて臣従の誓いを立てたのであった。ボエモン伯とゴドフロワ・ド・ブイヨンは誓いを立てたが、レイモン・ド・トゥールーズは拒んだ。フランドル伯ロベールは諸侯と同じく誓いを立てた。この誓いは皇帝との絆を強めるためには不可欠で、皇帝の助言と援助がなかったら、われわれの旅を続けることはできなかったことだろう。

皇帝はわれわれの諸将たちに望むだけの貨幣と絹の衣服、不足極まりなかった馬と金も下賜され、一行が出立するのを満足して眺めておられたのだった。（『十字軍大全』、なお『事績』参照）

『事績』はビザンツ帝国領の奪還に十字軍の軍勢を投入しようとした皇帝の約束を伝えている。

皇帝はわれわれに信義と安全を誓い、自軍を率いて行軍を共にし、誠実に兵糧を提供しよう、また、我らがすでに無くしたものは気を付けて補給しよう、さらに、聖墳墓への旅の途上で我ら巡礼者たちに妨害や困難を及

クルジュ・アルスラーン（中央右の尖ったカブトをかぶった騎士）**の敗北**　一三〇〇年頃、フランスの写本。

アンティオキア攻囲　一三〇〇年頃、フランスの写本。

ぼしたり、そうすることを許したりしないと約束したのである。（『十字軍大全』、なお『事績』参照）

アレクシオス帝の政略は、首都に軍勢を集めておくことではなく、彼らをすみやかに対岸の小アジア内部へと赴かせることであった。交渉は成功した。遠征軍の指導者たちは躊躇する向きもあったが、皇帝に対する忠誠誓約をつうじて、すべての征服地や都市を、それらが以前ビザンツ帝国に属していたかぎりは、あらためて皇帝の管轄下におくことを約束した。しかし、現実には守られることはなかったのだが。

アンティオキアへ

一〇九七年六月二十六日、十字軍は戦勝気分のなか、奪還したニカエアをあとにし、アナトリア高原をめざした。二軍に分かれた。ノルマン軍のほうが六月三十日にクルジュ・アルスラーンの軍勢と遭遇した。『事績』には、アナトリアへの道を切り拓いたドリュラエウムでのフランク軍の勝利が記されている。ドリュラエウムから軍勢は高原をこえてアンティオキアに進軍した。十字軍戦士たちは極端な寒暖に苦しめられた。軍勢はコンヤで休み、その後アンティオキアに向かった。しかし、十月、ボードワン・ド・ブーローニュ▲とボエモンの甥タンクレード▲はそれぞれ東方へ向かい、領土と略奪品を求めてキリキアにはいった。フーシェも彼らに同行した。

『巡礼史』が記すところの君主交代劇。エデッサのトロス公▲に対する市民の転覆工作に乗じてボードワンは東方に自らの君主国を建国した。しかし、好意的なフーシェと異なり、アルメニア人の年代記作家エデッサのマテュー▲は、ボードワンをトロス公の死と直接結びつけており、別の著作者アーヘンのアルベルトの描くトロスの最後の様子からも、ボードワンの容疑は濃厚である。

　トロスから金銀財宝すべてを受け取って身の安泰を保証してくれるよう頼まれたボードワンであったが、民衆の指導者たちを説得できず、絶望したトロスは脱出を試みて射殺され、死体は辱《はずかし》められた。（訳は『十字軍大全』による）

エデッサ伯領の成立は、十字軍内部の不和と緊張、指導権の欠如、そしてもちろん新領地獲得欲によるものであった。ボードワンは明らかに分派行動をし

▼ボードワン・ド・ブーローニュ（?〜一一一八）　ゴドフロワの末弟。兄とともに十字軍に参加するが、途中、アンティオキアに向かう十字軍から離れて一〇九八年エデッサに赴き、同地の支配者となる（エデッサ伯領）。兄の死後、イェルサレム王国の二代目国王となり（ボードワン一世：在位一一〇〇〜一八）、アスカロンでエジプトのファーティマ朝軍を破り、王国の基礎をかため、その後も支配領域を拡大した。エジプト遠征中に死去。

▼タンクレード（一〇七五／七六〜一一一二）　ボエモンの甥。十字軍に参加し、ゴドフロワの旗下でイェルサレム奪回をはたす。一〇九九年八月のアスカロンの戦いが最後の戦闘。ボエモンの代理としてアンティオキア侯領を統治し、同じくムスリムにとらわれたエデッサのボードワン・ル・ブルクにかわり、同地も統治した（一一〇四〜〇八）。

た。こののち、ボエモン（アンティオキア侯領）、レイモン（トリポリ伯領）も同様の行動に走る。

アンティオキア攻防

一〇九八年三月二十九日付けで、エティエンヌ・ド・ブロワ▲は妻アデールに書簡を書いて、遠征で入手した富を誇り、アンティオキアの包囲戦の苦労を述べている。気が強く、夫を叱咤激励する妻に対して、エティエンヌはしばしば史料的価値のある便りを残しているが、気弱で優柔な、その一方で自慢げな彼の姿を垣間見ることができる。

> 出発した時にそなたが私に託してくれた金・銀・財宝の倍になったものを所有しています。私個人の希望では無しに、全軍の諸将が一致して、私を遠征軍の長、指導者、司令官にしてしまったからです。（訳はペルヌー『十字軍の男たち』による）

> 意気軒昂となった我々はアンティオキアへ急いだ。そして、一〇九七年一〇月に包囲を敷いた……アンティオキアは想像を絶する大都であり、難

▼トロス公（?〜一〇九八）　エデッサのアルメニア人支配者。モスルのカルブーカの攻撃を受け、折から到来したボードワンの数百の騎士と二千余の歩兵の援助を請う。両者の思惑の一致からボードワンと養子縁組するが、その数日後、ボードワンの扇動（複数の同時代の歴史書が彼の関与を疑っている）による群衆の蜂起により殺害され、ボードワンがエデッサ伯となる。

▼エデッサのマテュー（?〜一一四〇以前）　アルメニア人年代記作者。九五二〜一一三六年までのシリア地域の歴史を著す。かなり偏見にもとづいてはいるが、同時代人の残した貴重な資料と評価されている。エデッサにおける一〇九八年の政権交代については、ボードワンによる民衆暴動の扇動を指摘する。

▼エティエンヌ・ド・ブロワ・エ・シャルトル（?〜一一〇二）　第一回十字軍の第二波、第三波の指導者の一人。一〇九六年九月、義兄ノル

攻不落であることがわかった。五千を越すトルコ軍将兵が市の中に群がっていた。当市に集まっているサラセン人、アラブ人、トルコ人、シリア人、アルメニア人、その他の人々については枚挙にいとまがないほどである。……アンティオキアの眼前で冬の間ずっと、我々は主イエスのために冷たく吹き付ける雨に曝《さら》された。シリアで耐えねばならぬのは灼熱のみと言っている人たちは誤っている。こちらの冬はヨーロッパの冬と何ら変わらない。（訳は『十字軍大全』による）

　アンティオキアの支配者、ヤギ・シヤーン▲は、アレッポのリドワーン公▲とダマスカスのドゥカーク公▲に派遣し、援助を乞うた結果、一万二千の精鋭のトルコ兵が急遽アンティオキアの救援のために派遣された。十字軍側も、対応を急ぎ、敵の援軍が到着する少し前に、七百名の騎士たちとともにアンティオキアから九マイル離れた「鉄の橋」付近の平原でその部隊と遭遇し、勝利した（一〇九七年十二月二十九日）。

　エティエンヌの同じ手紙は四旬節（一〇九八年）に起こったことの報告である。攻城戦の間、日常的に城外での一進一退の小競り合いや奇襲、応戦が繰り返さ

マンディー公ロベール（ウィリアム征服王の長子、妻アデールの兄）の軍勢とともに出発。北イタリアでウルバヌスと会い祝福を受ける。冬を南イタリアですごし、バルカンへは九七年四月に上陸。五月に帝都到着。妻宛の手紙で帝都と皇帝アレクシオスの魅力を伝えている。しかし、帝都への九カ月におよぶ行程で多数の人士を失った。アンティオキア攻略一日前に軍を離脱、帝都経由で帰郷。巡礼未達成を妻にも強く非難され、再出陣。一一〇一年帝都にいたり、九月に海路アンティオキアへ。〇二年三月イェルサレムで聖地巡礼をとげた。五月十七日のラマラの戦いでエジプト軍に敗れ、国王ボードワンは脱出したが、彼は翌日戦死か翌々日処刑された。

▼ヤギ・シヤーン（？〜一〇九八）アンティオキアの支配者。娘をリドワーンに嫁がせるが、ドゥカークに接近。フランク軍の進出により、リドワーンに援軍を求めるも、同軍が敗れ、モスルの君主カルブーカに援

軍を求める。アンティオキア陥落後の敗走途中で落命。

▼リドワーン　アレッポの君主。一〇九五年父の死後弟と争い即位。ヤギ・シヤーンの娘を娶るが、アンティオキアをも渇望。フランク軍の進出を許し、敗れたのちはアレッポを守るのに専念した。

▼ドゥカーク　リドワーンの弟。ダマスカスの君主。一〇九五年、兄の即位時に脱出して一命を守る。以後、兄弟争いを継続。フランク軍のアンティオキア攻撃にさいしては、モスルのカルブーカ軍とともにアンティオキアの奪回をはかるが、決戦前に撤退し、カルブーカ軍も崩壊、それぞれの本拠に退いた。この結果、シリアにおいて十字軍を阻止する勢力は弱体化した。

れ、双方に少なからぬ犠牲が出続けていた。最後に「愛する人よ、私たちが行ったことのうち少しのことしか書きません。思っていることをすべてそなたに伝えようとしてもできないことです。どうか立派に行動して下さい。用心深くわが領地に気を配り、子供たちや家臣たちに対するそなたの義務を果たして下さい。そちらに戻り次第再会できるでしょう。さようなら」とある(訳はペルヌー『中世を生きぬく女たち』による)。

これはまさに、統率のとれぬ、呉越同舟であった十字軍参加将兵たちの、理想と現実の狭間で苦労を嘗《な》め続けているいつわらざる言葉であったであろう。

現実には、「フランク軍諸侯が指揮官に選んだ臆病者のシャルトル伯エティエンヌは、アンティオキア占領前に大病に罹《かか》っていると偽って、恥知らずにも……退いて」(訳は『事績』による)、六月二日に退却し、途中アレクシオス帝にアンティオキアを見捨てるよう進言して、フランスに帰ってしまう。しかしその後、強気の妻アデールに励まされて、一一〇一年に聖地へと再出発し、聖墓まで行き着き、かの地でイスラーム勢力との戦いのなかで死を迎えるにいたる。

イェルサレム陥落とその報告

　軍を率いて最後まで進んだゴドフロワはついにイェルサレムに到達した。かつての巨大な軍勢の残存部分、二万人ほどの騎士たちは、尖塔に囲まれた都市をあおぎ見、一〇九九年六月七日、この世でもっとも堅牢な都市であるイェルサレムの市外に布陣した。城壁を急襲する企ては失敗に終わった。焼けつく暑さのなかで喉のかわきに苦しめられていた軍団の包囲作戦は厳しいものとなった。『事績』の著者は主君ボエモンがアンティオキアにとどまったのちは、サン・ジル伯の部隊に従ってイェルサレムまで従軍した。

　七月の中旬までに、十字軍側は総攻撃の準備を整え実行した。『事績』には、七月十五日にイェルサレムが自分たちの手に落ちた時、どのようにしてフランク人たちが最終目標に達したか、またいかなる殺戮がおこなわれたかが記されている。

　一〇九九年七月十五日金曜日早朝、われわれは四方八方からこの都市を攻撃した。しかし、前進できず……脅えた。ゴドフロワ・ド・ブイヨンと兄のブーローニュ伯ユースタスは移動櫓で勇敢に戦った。その後、わが騎

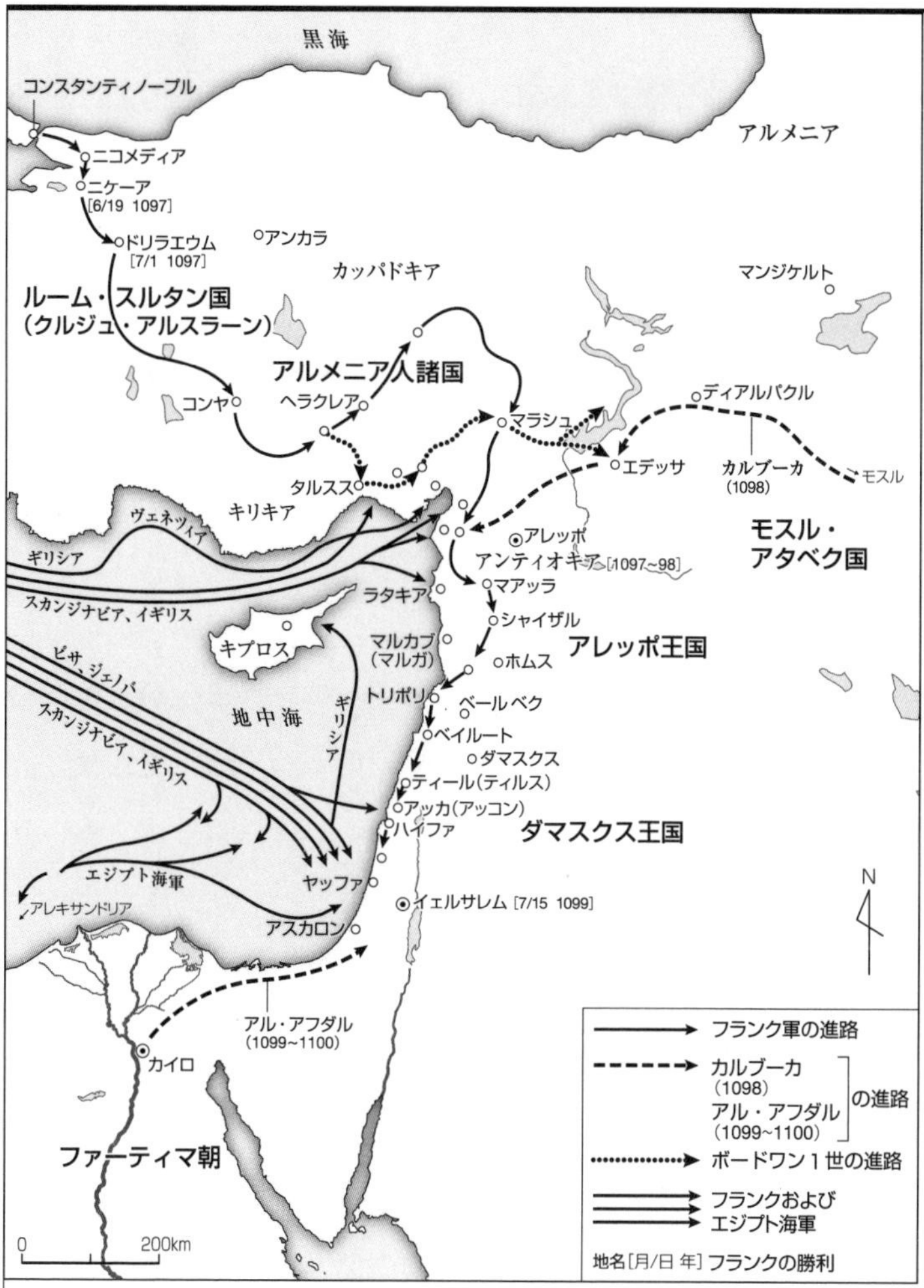

●――ムスリム側から見たフランク人の進入とそれへの対応

シリア・パレスティナ地域の政情不安定ななか、十字軍は進入した。

世界の中心イェルサレム　一二五〇年頃の装飾写本。

イェルサレム攻防戦　移動櫓による城攻め。十四世紀、フランスの写本。

士の一人、リトールなる者が市の城壁に登った。彼がそこに達するやいなやエルサレムの守備隊全員が城壁伝いに逃走し、市中に入ったのだった。わが兵たちはリトールの後に続き、敵を殺し、四肢を裂きつつソロモン神殿まで敵を追い詰めたのである。そして、そこで踝《くるぶし》まで血に浸るほどの殺戮を行った。

わが兵たちは市に入り、ソロモン神殿までサラセン人を追いかけ、行く先々で彼らを虐殺した。ソロモンの神殿には敵が集結し、一日中激しく抗戦した。そのため、彼らの血が神殿中に流れた。とうとう異教徒どもは制圧され、兵士たちは神殿で多数の男女を捉えた。軍は彼らの生殺与奪の権を握った。

わが兵たちは全市を制圧し、金銀、馬、驢馬、ありとあらゆる奢侈《しゃし》品に満ちた家々を略奪した。彼らは感涙にむせびながら聖墳墓教会での礼拝にやって来た。朝、わが兵たちは用心深くソロモンの神殿に登り、男女の別なくサラセン人を攻撃し、抜き身の剣を手にして彼らの首を打ち落とした。神殿から身を投げるサラセン人もいた。

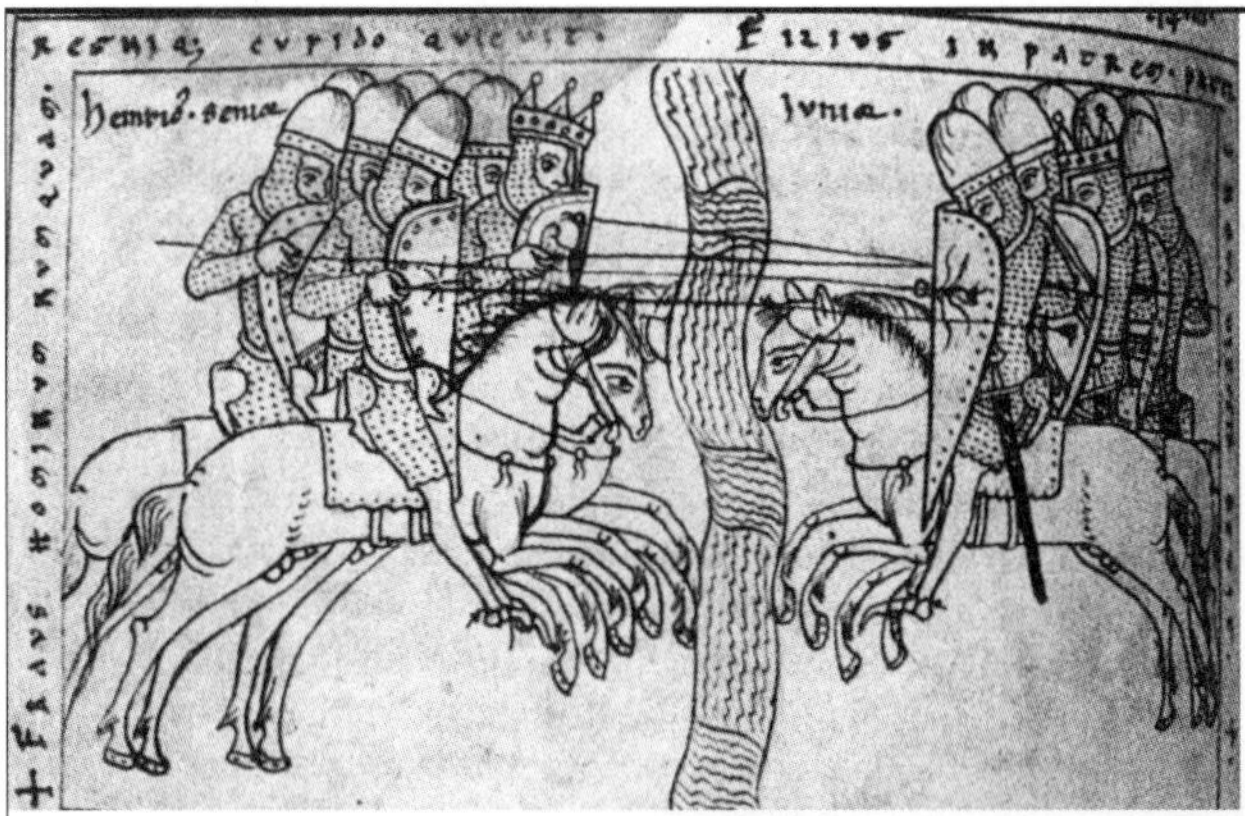

●十一世紀の西欧騎士　この場面はハインリヒ四世と五世の父子間の争い。オットー・フォン・フライジンクの『年代記』(一一四三〜四六年)挿絵。

●イェルサレム攻撃と陥落　ティルスのギョーム『エルサレム史』細密画、パリ国立図書館蔵。

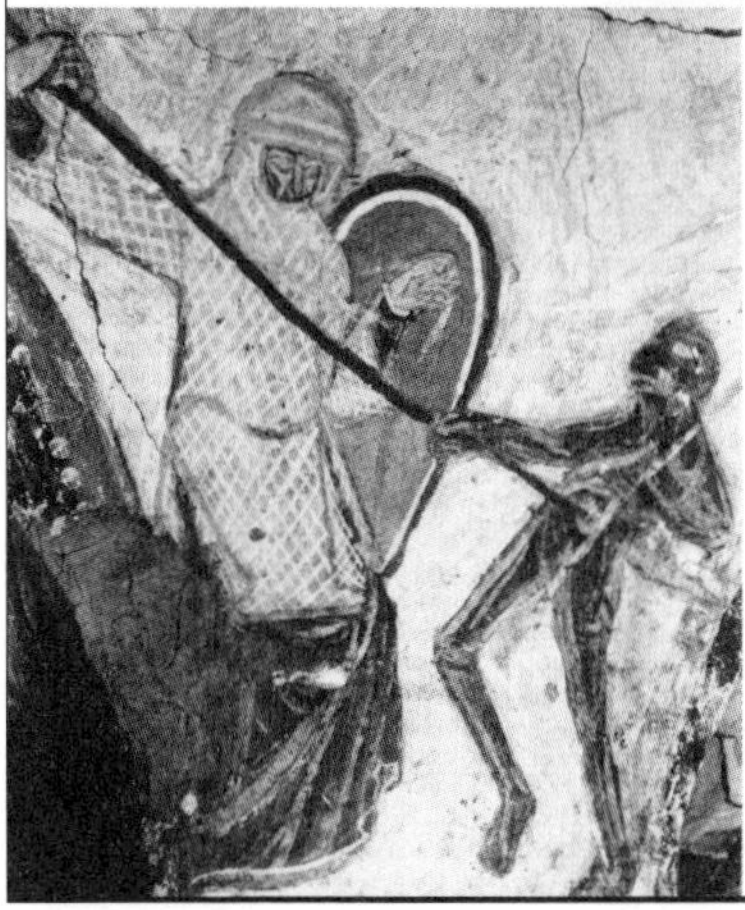

●ムスリム兵士　キリスト教徒騎士の槍で貫かれる。ムーア人やサラセン人は「黒人」として描かれた。フランス、タヴァン教会蔵。

史料に嬉々として記述されている聖戦の暗黒面は、後世に作成された種々の書物や写本の挿絵においては描かれることがなかった。戦闘や攻城戦における人命損耗は当然部分的に描かれている。しかし、自慢すべき金品の掠奪の場面はよく描かれているものの、虐殺の場面はほとんど描かれていない。

七月一五日金曜日、キリスト教徒軍がエルサレムを奪還した。陥落して八日目に、異教徒どもを制圧し、キリスト教徒を保護するためにエルサレムの統治者、すなわち聖墳墓の守護者としてゴドフロワ・ド・ブイヨンが選出された。また、一〇九九年八月一日にアルヌールという名の聡明にして気高い人を総大主教に選んだ。

十字軍諸将から教皇ウルバヌス宛てに書かれた書簡（一〇九九年九月）は、イェルサレム攻略と、ファーティマ朝の援軍部隊をアスカロン付近で破った模様を記している。

ピサの大司教にして教皇代理のダイムベルト▲、聖墳墓の守護者ゴドフロワ・ド・ブイヨン、レイモン・ド・トゥールーズ、そしてイスラエルの地にいる軍勢全員から教皇と全キリスト教徒へ……われわれがこれ（裸足で

▼ダイムベルト（?～一一〇七）一〇八八年にピサ司教、九二年に同大司教となる。九八年、教皇ウルバヌス二世からアデマールの後任の教皇特使に任ぜられ、シリアに赴任。九九年十二月二十五日、初代のアルヌールの選挙を無効としてイェルサレムのラテン大司教に選出される。イェルサレムを教皇の家臣国家もしくは独立の教会の府とすべく、世俗の封建国家を志向する国王ボードワン一世と対立し、一一〇二年、王国から追放され、イタリアにもどることを余儀なくされた。教皇パスカリス二世の支援を取り付けたが、イェルサレムへもどる途中、メッシナにて病死。同大司教座にはアルヌールが一一二年に再選され、一八年の死まで勤めた。

十字軍の船　船を描いた希少な例。ラヴェンナのサン・ジョヴァンニ・エヴァンゲリスタ教会のモザイク画。十三世紀、第四回十字軍絵巻の一つ。

イェルサレムのゴドフロワの墓（聖墳墓教会）**からの出土品**（剣と拍車）

都の周りを歩く儀式）を行ってから八日目に、主なる神は敵もろともこの都をわれらにお渡し下されたからです。一〇九九年七月一五日のことでした。われらがこの都で発見した敵どもをどのような目に遭わせたかをお知りになりたいなら、次のようでございました。ソロモンの神殿の柱廊に支えられた入口と主殿で、わが兵たちは馬の膝まで浸るサラセン人の血の海に乗り入れました。

その後、われわれは誰がこの都市を保持するかを話し合いました。郷愁の念に駆られ、また両親への孝心ゆえに故国に帰りたがる人々もいました。しかし、その後、カイロの宰相アル＝アフダルがエルサレムにいるフランク人を捕虜にし、アンティオキアを手にしようとして、大勢の異教徒どもとアスカロンに至ったという報せがもたらされたのです。

神は逆の御決断をなさいました。（中略）この戦闘は七月二九日にアスカロンでアル＝アフダルに対して行われました。一〇万の騎兵と四〇万の歩兵からなるエジプト軍は、少数のキリスト教徒軍に制圧されたのです。神よ、感謝致しまする。これにて擱筆いたします。（一連の引用文の訳は『十

字軍大全』による)

十字軍が聖都イェルサレムを攻撃して大流血の裡に陥落させた、との報告が伝えられる二週間前、ウルバヌス二世は七月二十九日に昇天した(『巡礼史』では八月十一日とされている。なお『事績』参照)。そののち一八八一年に、教皇レオ一三世により列聖された。ゴドフロワは「イェルサレム王」として、将士から同市の保護と統治を託されたが、謙遜とイエスの「茨の冠」への尊重から、自らは「聖墳墓の守護者」と称した。

ウルバヌスの意図と現実

神の名においての聖なる十字軍の呼びかけの背後には、聖なる地方とイェルサレムの再征服以上のことが隠されていた。それは分裂し権力闘争によってゆらいでいたヨーロッパにおける権力政治的な手段であった。教皇ウルバヌスは聖地において抑圧されムスリムの恐怖行為により苦しんでいるキリスト教徒の解放と並んで、ビザンツ帝国に指導された東方教会との再合一に努めた。しかしその一方で、グレゴリウス改革派のリーダーである彼は、教会をヨーロッパにおける秩序勢力として樹立することに邁進した。カロリング帝国の終末後、ヨーロッパ中心部はフェーデを繰り返す貴族の支配領域へ分解し、しばしば教会や修道院も襲撃され略奪されていたからである。

十字軍への呼びかけは部分的な成果をえた。ウルバヌスは長い間相互の戦いの渦中あったフランス貴族たちを糾合し、彼らに「聖なる正しい戦い」という目標をもってキリストの事業に奉仕する理念的な基盤を与えたのである。それは同時に教皇のキリスト教世界における首位権要求を強化した。十字軍の呼びかけより前に要請された「神の平和」がフェーデの制限をもたらしたが、同時にこれに介入する教会の権勢を強め、ヨーロッパにおける教会と教皇権の権力政治的な役割を強化した。しかし、その勢いを駆っての東方教会との合一への努力は、東西の権力政治的な相違と利害の故に結局は成就しなかった。

一〇九〇年代半ば以降、ハインリヒ四世がドイツへもどることができずに勢力減退状態にあった事情とは、シュヴァーベンのツェーリング家とバイエルンのヴェルフェン家の連携による帰路の遮断と、イタリア情勢の不振な状況による。そのため対立者のクレメンス三世の弱体化はとりもなおさずウルバヌスの

教会の世俗に対する優位　十二世紀末、『グラティアヌス教令集』写本挿絵。

▼ハインリヒ五世（ドイツ王在位一〇九九～一一二五、皇帝在位一一〇六～二五）　ハインリヒ四世の次男。兄コンラートの廃位後、アーヘンにて国王戴冠。のちに父に反旗を翻し、とらえて帝国権標を奪取。一一一一年、教皇パスカリス二世より皇帝冠を受ける。しかし父と同様に叙任権闘争を継続し、最終的に一一二二年、教皇カリクストゥス二世と『ヴォルムス協約』を結び、皇帝が指輪と司教杖をもってする司教叙任を最終的に放棄。

優勢であり、一〇九五～九六年のウルバヌスの精力的な行動はまさにその顕現であった。

しかしながら、華々しいウルバヌスの活動と裏腹に、ハインリヒはバイエルン大公ヴェルフ四世、ついでツェーリング家のシュヴァーベン公ベルトルトおよびその兄弟のコンスタンツ司教ゲープハルトとへの譲歩・妥協（それぞれの要求を認め後継を保証）に成功し、帰独をはたすこととなる。かくして皇帝は一〇九七年の聖霊降臨祭をレーゲンスブルクで祝うことができた。その前の一〇年間には聖霊降臨祭に大官たちの参加がなかったのだが、今回は違った。

その後にドイツ内を巡幸しつつ、シュトラースブルクでクリスマスを祝った。マインツ、ケルンにも足を伸ばしている。皇帝の権威はあらためて確認された。一〇九八年早春のマインツ宮廷会議では、正式に長男コンラートの廃位と次男ハインリヒのドイツ王選立がなされ、一〇九九年一月六日、アーヘンにて、ハインリヒ五世▲の塗油・戴冠がおこなわれ、そのさいにコンラートの故事に鑑みて、「父王優位」の条項がいれられた。イェルサレム陥落の半年前のことだった。

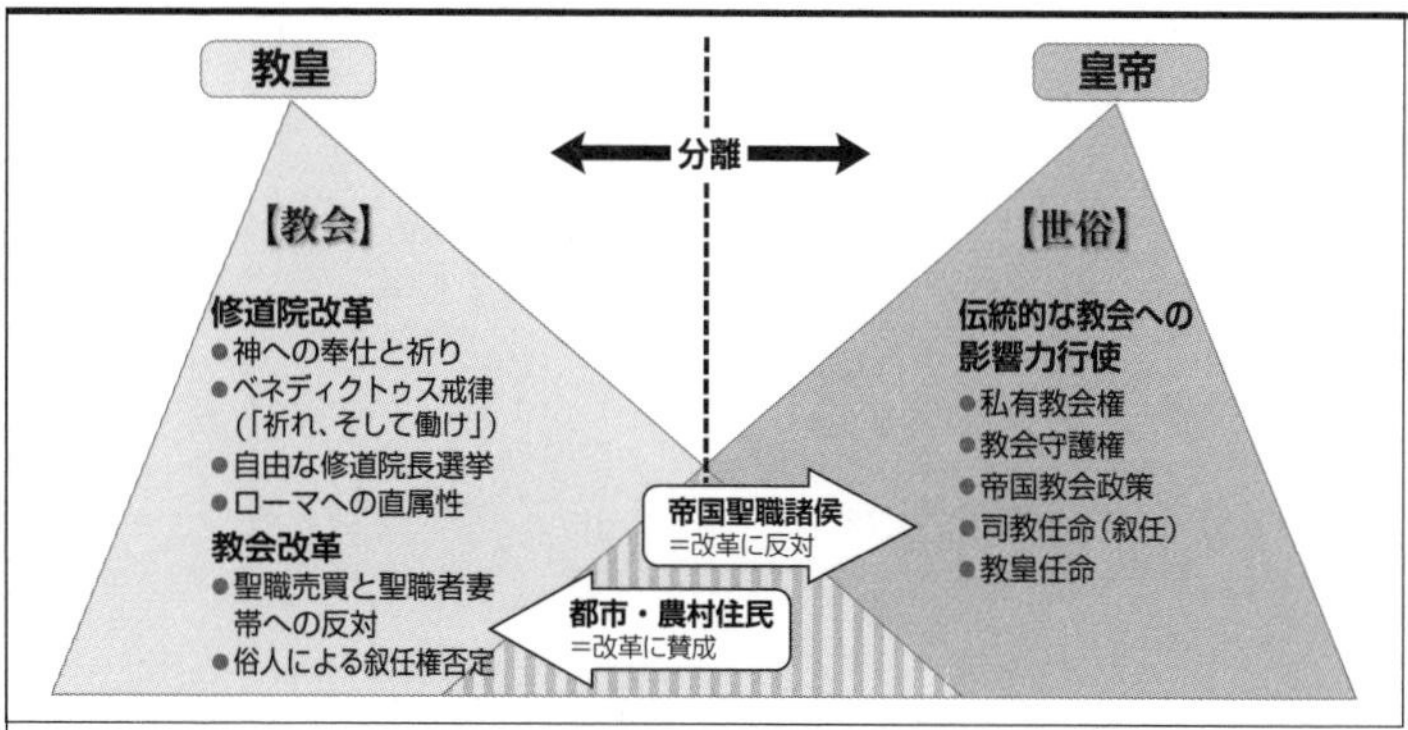

●中世世界の緊張関係（十一世紀）

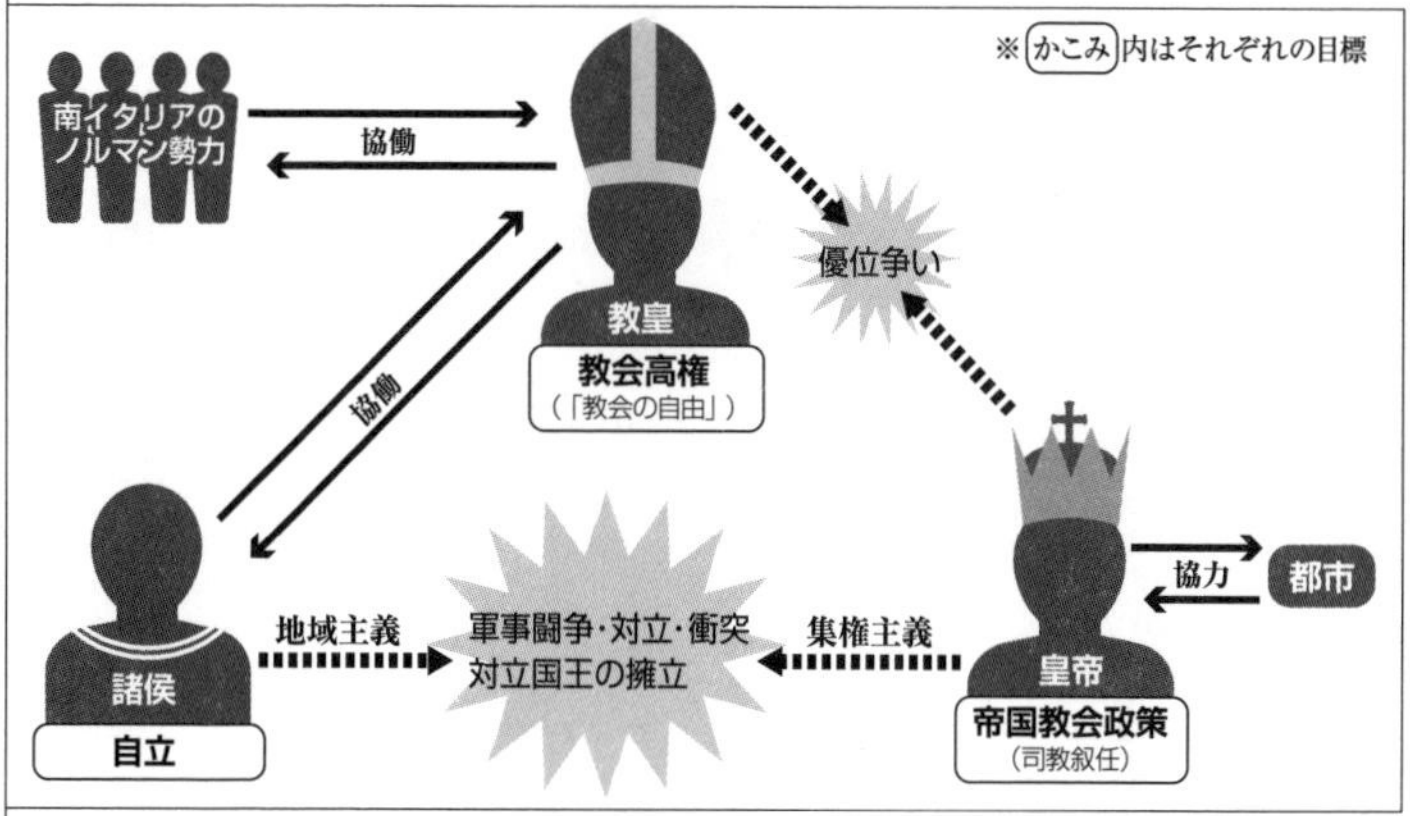

●叙任権闘争期の権力闘争

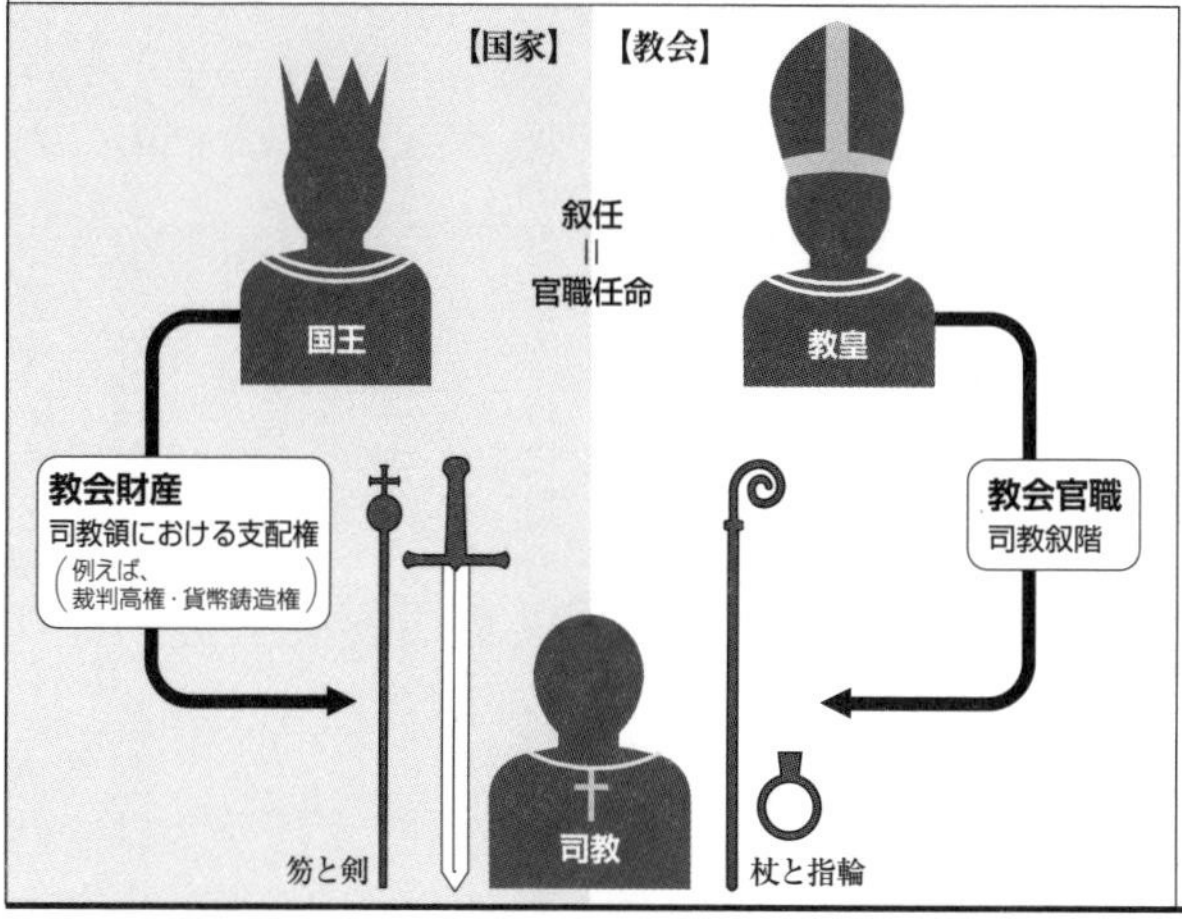

●教皇による叙任と皇帝による財産授与を明記した『ヴォルムス協約』（一一二二年）の図解　司教・修道院長の聖俗両権力への従属を承認したこの協約は、のちの『金印勅書』（一三五六年）と並ぶ帝国の重要な国制文書となった。

父から子への帝国権標の譲渡　実は五世による四世からの強奪。一一二五年頃のエッケハルト・フォン・アウラの『年代記』挿絵。

ウルバヌス最晩年の年、帝国内の情勢はまたも皇帝優位へとゆりもどされていたのである。叙任権闘争の最終決着にいたるまで、後継教皇たちの苦闘は続く。

参加者たちの限定

当時の戦争の絶えない社会では、十字軍参加の呼びかけには今以上に積極的な共感が寄せられた。参戦に不可欠な援助として、特に軍勢をそろえ、必要な船の配備のために、ウルバヌスは参加者に対して、すべての罪過の赦免(贖罪)と個人・家族やその財産の保護を約束することによって、西方世界全体における歓喜と熱い反響を引き出した。

しかし当初、費用はすべて自腹を切らねばならなかった。ヨーロッパ各地の大聖堂や修道院の収蔵文書には、すでに紹介した証書をはじめ、十字軍将士の財産の売却や弁済されていない抵当の記載が多数含まれている。親族共有の土地や世襲財産の債権者への譲渡は、将士の家族に重い犠牲をもたらした。それでも戦いが一段落すると、なんらの収益がなくとも帰郷する者も多く、かの地域に定住しようとする戦士はほとんどいなかった。

財源捻出では王侯たちも一般の戦士たちと異ならない。教皇たちはのちの時代には十字軍の遠征を援助するために、教会に課税するという手段に訴えたが、その時代でも、十字軍将士は遠征に参加するために私財を投げ打たねばならなかった。

十字軍に参加する者は、自分が遠征に赴いている間の家族の財産の安全の保証を求め、行く先々での危険な年月、保護してくれる有力者の軍勢に加わる必要性も痛感した。第一回十字軍参加者は、アンナ・コムネナは一〇万人の騎士と八万の歩兵がこの巡礼に参加したというが(『アレクシアス』)、ある推計では三二万人とされる(Putzger, Atlas und Chronik zur Weltgeschichte)。多くの「巡礼」がコンスタンティノープルに押しかけたが、実際に聖地にたどり着いたのは四万人程度であろう。開始後数十年たつと、十字軍に応じられる騎士はごくわずかとなった。現地の騎士団や少数の入植者、そして現地のキリスト教徒たちだけというマン・パワー不足が常態であった。

レコンキスタを独自に遂行しているスペインを除くと、ドイツの反応は極め

キリスト教会に描かれたユダヤ人殉教者たち（初期十字軍時代）

て冷静だったと思われる。民衆十字軍に加わり、ユダヤ人虐殺を主導して富の獲得に走った者（一部の貴族や民衆）はいたが、破門されている皇帝が、教皇、それも自らが擁護する教皇（クレメンス三世）ではない者（ウルバヌス二世）を助けて軍を率いることは考えられなかった。ハインリヒは反皇帝派諸侯との「国内闘争」に重点があった。その結果、最初のイェルサレム行きの参加者はウルバヌスの影響力のある地域にかぎられ、フランス人や南イタリアのノルマン人が主力となった。

　当初の参加者は特定の家系に集中しがちであった。わずか七千人ほどの貴族と騎士たちが、一〇九六年から一一〇一年までの間に三波にわたってヨーロッパから出陣した最初の十字軍に参加した（ライリー・スミス『十字軍史』）。その一例がアールスト家の五人だった（九三頁参照）。

　しかし、現在の社会では理解できないほど、自らの罪を強く意識する共同体に十字軍運動が根づいていたことを想起すべきであろう。開墾による領地拡大と農業革命が一段落する十二世紀後半以降、相続者一人だけが結婚でき、他の兄弟はその家来・従者となる家督制度のため、貴族・庶民層の多くの若者が前途に希望をもてない状況となっていたことは十分に考慮されよう。

改革教皇権の勝利

グレゴリウス七世とハインリヒ四世の時代に激発した叙任権闘争は、長期の時間経過のなかで、教皇権と皇帝権の関係を根底から変化させた。闘争はウルバヌス二世により継承・拡大し、後継のパスカリス二世(在位一〇九九～一一一八)、カリクストゥス二世(在位一一一九～二四)と、歴代教皇は皇帝との対立を改革教皇権の軌道へ引き込もうと努力した。改革教皇権は皇帝の人格に付随していた聖的カリスマを破り、聖界権力の世俗権力に対する優位を理論的・実践的に浸透させることに成功する(一一二二年の『ヴォルムス協約』)。

ハインリヒ四世の巻き返しは折々に成功をおさめはしたが、闘争の経過とともにローマ教皇庁に対する支配権を失う。教皇は自己に有利な政治状況を創出すべく、皇帝権力の削減とドイツ内の反皇帝派諸侯勢力への関与を続ける。ウルバヌスがコンラートをイタリア王に戴冠させ、皇帝冠を約束しつつ、彼におこなわせた「馬丁奉仕」が象徴し、可視化させたことこそ、グレゴリウスが

『教皇訓令書』で明示した教皇の対皇帝優位であり、叙任権闘争で教皇が打破しようとしたのは、この世のあるべき秩序に反する皇帝による教会支配だったのである。

西方キリスト教世界での皇帝の地位と威信の低下は十字軍運動の時期に明白となった。第一回十字軍には、破門を受け、イタリアの権益を教皇と争う渦中にいたハインリヒ四世は参加しなかった(できなかった)。第二回以後にドイツはコンラート三世(在位一一三八～五二)、フリードリヒ一世バルバロッサ(赤髯、在位一一五二～九〇)、フリードリヒ二世(在位一二一二～五〇)を送るが、彼らは西方世界の指導者としてではなく、ドイツの、ドイツ帝国の君主としての世俗的行動(軍事遠征による聖地の維持もしくは奪回、フリードリヒ二世の場合は交渉による聖地と巡礼の安全の確保)に終始するのである。

聖ベルナールの十字軍勧説

ヨーロッパから遠く離れているにもかかわらず、十字軍以前から聖地イェルサレムはキリスト教巡礼者の究極の目的地であり続けた。第一回十字軍の出発

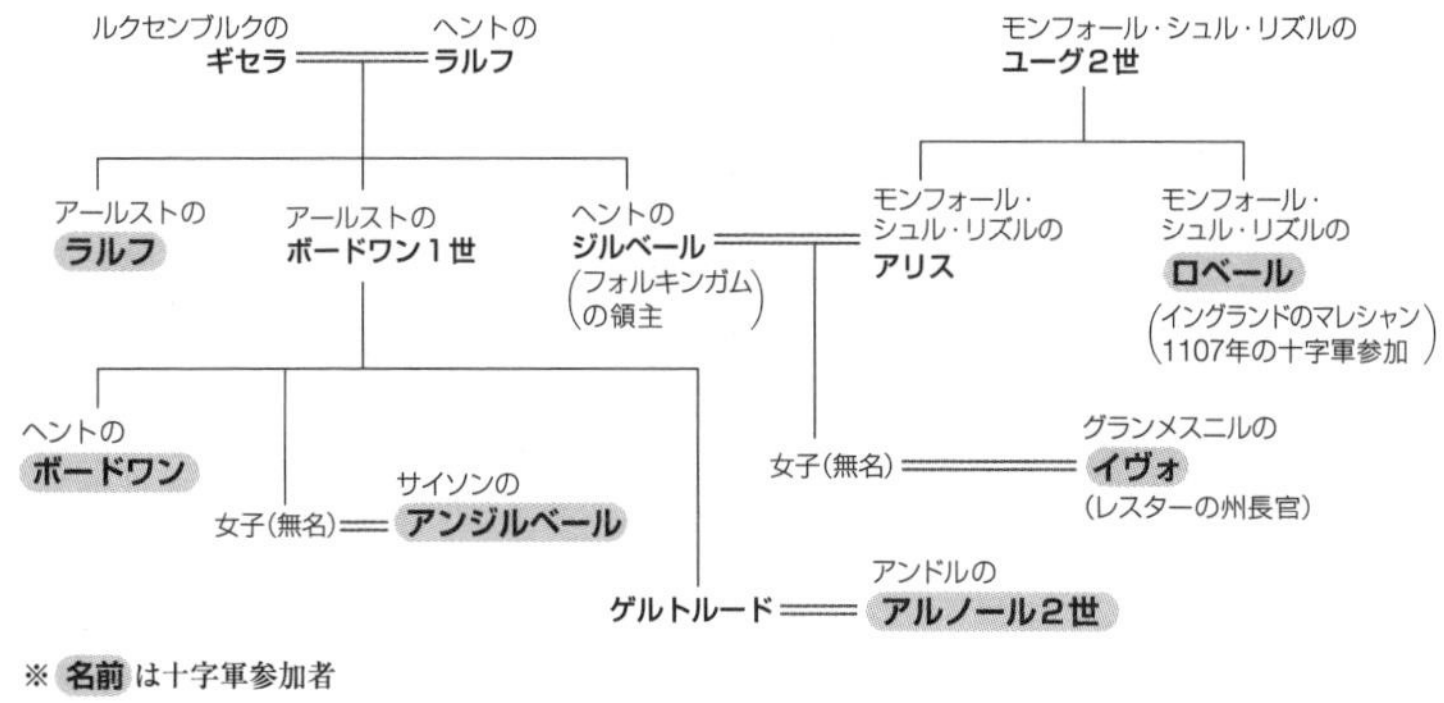

●**アールスト家の系図**　第一回十字軍に一族五名参加。一一〇七年の十字軍にも一名参加。当時の熱情高揚の有様を反映。

●**王による授封**　司教には笏により、諸侯には旗により領地等を授与している。『ザクセン法鑑』写本挿絵。

●**教皇権と皇帝権の協調**　玉座に二人掛け。『ザクセン法鑑』ハイデルベルク写本の挿絵、一三六〇年頃。

▼**聖ベルナール**（一〇九〇〜一一五三）　シトー派修道会の大立者。クレルヴォー修道院長。テンプル修道騎士団の会則作成にも関与。教皇エウゲニウス三世の依頼を受け、第二回十字軍の勧説を各地でおこない（一一四六〜四七年）、多数の人々に行動を起こさせる。彼により十字軍の理念が確立されたといわれる。

聖ベルナールの十字軍勧説　フランスにて、一三〇〇年頃の写本。

から五〇年後、シトー派修道会の大立者クレルヴォーの聖ベルナール▲は聖地の意義を次のように伝えている。

幸いなるかな！　御自らの聖堂として、いとも気高き神により祝別された聖都よ！　なればこそ、われらが世代は御身の中で、御身によって救われるでありましょう！　幸いなるかな！　偉大なる王の都、数々の祝福された、筆舌に尽くしがたい奇蹟の源！　幸いなるかな諸国の女主人、諸州の女王、総主教たちの残したるもの、使徒や予言者たちの母、キリスト教国の信仰と栄光の源！

幸いなるかな！　御身の立派な民のための乳と蜜の泉たる約束の地は、この世のすべての優しき慰め、不可欠な滋養の源となりました！　まさにその通り、御身は永遠の父なる神の御心から生まれた神々しい種を実り豊かな大地深く受けとめた、この上なく優れた土地なのです。御身を目にしたことがある者は、その美しさで満たされるという最高の至福に接し、その寛大なお恵みで生きる糧を得ているのです。その者たちは行く先々で、地の果てまでも御身が成した奇蹟を讃美しつつ、まだお姿を一度も眼にし

●——**年老いた十字軍士の帰還**　ユーグ・ド・ヴォーデモン伯の墓。聖地よりもどり、妻に迎えられる感動的な姿。フランス、ナンシー、十二世紀初頭。

●——**イタリアからサンティアゴへの冬仕度の巡礼者たち**　フィデンツァ大聖堂のレリーフ。

●——**遠方からサンティアゴへ**　騎馬や船で。十三世紀の写本、パリ国立図書館蔵。

たことのない者に、御身のすばらしい誉れを広め、栄光の輝かしさを述べ伝えるのです。

まこと、爾《なんじ》の栄えある事々が話されております、神の都よ！　その御名を讃え言祝《ことほ》ぐために御身に満ちた歓喜を語りましょう。（訳は『十字軍大全』）

そう呼びかけられて出征する十字軍将士たちと「巡礼」の人々であった。そして巡礼者たちはローマへ、サンティアゴへと、イェルサレム以上に続々とでかけて行った。経済的発展がもちろんその背景にあるが、人と物の動きは、教会主導のヨーロッパ世界の成立を如実に物語るものだった。

ウルバヌス２世とその時代

西暦	おもな事項
1035 頃	ウルバヌス２世，シャティヨン・シュール・マルヌの貴族家門に生まれる
1054	ローマ教皇使節団のコンスタンティノープル訪問。教会の東西分裂
1059	教皇ニコラウス２世，ノルマンのロベルト・ギスカルドをプーリア，カラブリア，シチリア伯と認める
1071	*8-26* マラーズギルトの戦い，ビザンツ軍敗れる。この頃クリュニー修道院の副院長となる
1073	教皇グレゴリウス７世就位（～1085）
1075	グレゴリウスの『教皇訓令書』。叙任権闘争はじまる。
1076	***2***- ハインリヒ４世の破門。***12***- ～77 年 ***1***- カノッサ事件
1080	ハインリヒの再破門
1082	教皇特使ウードをフランス及びドイツに派遣（～85）
1084	***3***- ハインリヒ４世，クレメンス３世を教皇擁立（在位 1084～1100）。クレメンス３世によるハインリヒ４世の皇帝戴冠 ***5***- ギスカルド，教皇を救出。グレゴリウス，サレルノに逃れる。ハインリヒとクレメンス再び破門
1088	***3-12*** ウルバヌス２世教皇に選出（在位 1088～99）
1089	教皇，トスカナ女伯マティルダとバイエルン大公ヴェルフ５世の婚姻を取りまとめる。メルフィ公会議でビザンツ皇帝の破門解除 ウルバヌス，南イタリア征服完了のノルマン勢力に対し「神の平和」を宣言
1090	ハインリヒ４世の第二次イタリア遠征（～97）
1091	ルッジェーロ１世，シチリア全島の征服完了 コンラート，ミラノでイタリア王戴冠。ウルバヌス，ローマに帰還
1095	コンラート，ウルバヌス２世に臣従礼 ***3***- ピアチェンツァ公会議。ビザンツ帝の使節およびハインリヒ４世后エウプラクシア参加。クレメンスふたたび破門。ハインリヒもまたあらたに破門。 ***8～11*** ウルバヌスのフランス巡歴 ***10-25*** クリュニー修道院大バシリカ聖堂聖別式出席 ***11-18～27*** クレルモン公会議。仏王フィリップ１世破門。教皇の十字軍勧説（27 日） ***11*** ～翌年半ば　教皇のフランドル，フランスを巡歴，イタリアへ帰還
1096	***1***- 民衆十字軍出発（第１回十字軍の第１波）。　***8***- 隠者ピエール，コンスタンティノープル到着。貴族・騎士の十字軍出発（同第２波）。　***10-21*** 民衆十字軍，ニカエア近郊で壊滅
1097	***6***- ニカエア奪回 ***7***- ドリラエウムの戦勝。***10***- アンティオキア攻囲
1098	***3***- ボードワン，エデッサ伯領創設 ***6***- アンティオキア奪取／ボエモン支配権獲得（99 年アンティオキア侯）
1099	***6***- ゴドフロワらの軍勢イェルサレム到着／ ***7-15*** イェルサレム陥落 ***7-22***：ゴドフロワ「聖墳墓の守護者」に選出／ ***7-29*** 教皇ウルバヌス２世死去 ***8-12*** アスカロンの戦い，エジプトのファーティマ朝軍を破る ***12-25*** ピサ司教ダイムベルト，イェルサレム大司教に選出
1100	***7***- ゴドフロワ死去。ボードワン１世エルサレム王就位。***8～9***- 十字軍第３波出発，小アジア・シリアでイスラム勢力に敗退

参考文献

B. テップァー，渡部治雄訳『民衆と教会』創文社，1975年（原著：B. Topfer, *Volk und Kirche zur Zeit der beginnenden Gottesfriedensbewegen in Frankreich,* Berlin et al., 1957.）

ジェイムズ・ハーパー，日本語版総監修本村凌二『十字軍の遠征と宗教戦争』原書房，2008年（原著：J. Harper, *The Crusades,* 2005.）

エリザベス・ハラム編，川成洋・太田直也・太田美智子訳『十字軍大全——年代記で読むキリスト教とイスラームの対立』東洋書林，2006年（原著：E. Hallam, *Chronicles of the Crusades: Eye-Wittness Accounts of the Wars Between Christianity and Islam,* Salamander Books, 2000.）

ジュディス・ヘリン，井上浩一監訳，足立広明・中谷功治・根津由喜夫・高田良太訳『ビザンツ　驚くべき中世帝国』白水社，2010年（原著：J. Herrin, *Byzantium. The Surprising Life of a Medieval Empire,* London, 2007.）

レジーヌ・ペルヌー，福本秀子訳『中世を生きぬく女たち』白水社，1988年（原著：R. Pernoud, *La femme au temps des Cathédrales,* 1980.）

レジーヌ・ペルヌー，福本秀子訳『十字軍の男たち』白水社，1989年（原著：R. Pernoud, *Les Hommes de la Croisade,* 1982.）

アミン・マールーフ，牟田口義郎・新川雅子訳『アラブが見た十字軍』リブロポート，1986年（原著：A. Maalouf, *Les Croisades vues par les Arabes,* Paris, 1983.）

八塚春児『十字軍という聖戦——キリスト教世界の解放のための闘い』NHKブックス，2008年

スティーヴン・ランシマン，和田廣訳『十字軍の歴史』河出書房新社，1989年（原著：S. Runciman, *The First Crusade,* Cambridge University Press, 1980.）

ジャン・リシャール，宮松浩憲訳『十字軍の精神』法政大学出版局，2004年（原著：J. Richard, *L'esprit de la croisade,* Paris, 1957.）

ジェフリー・リーガン，森本哲郎監修『「決戦」の世界史　歴史を動かした50の戦い』原書房，2008年（原著：G. Regan, *Battles that Changed History,* 1991 and 2002.）

レーモン・ダジール，フーシェ・ド・シャルトル他，丑田弘忍訳『フランク人の事績——第一回十字軍年代記』鳥影社，2008年．以下の著作の翻訳を含む。

・作者不詳『フランク人及び他のエルサレムへの巡礼者の事績』

・レーモン・ダジール『エルサレムを占領したフランク人の物語』

・フーシェ・ド・シャルトル『エルサレムへの巡礼者の物語』

G. Althoff, *Heinrich IV.,* Darmstadt, 2006.

A. J. Andrea, *Encyclopedia of the Crusades,* London, 2003.

U.-R. Blumenthal, *Gregorius VII. Papst zwischen Canossa und Kirchenreform,* Darmstadt, 2001.

H. Hagenmeyer (hrsg.), *Die Kreuzzugsbriefe aus den Jahren 1088-1100,* Innsbruck 1910.

K. Herbers, *Geschichte des Papsttums im Mittelalter,* Darmstadt, 2012.

C. Hillenbrand, *The Crusaders: Islamic Perspectives,* Edinburgh, 1999.

N. Housley, *The Crusaders,* Stroud, 2002.

J. Riley-Smith (ed.), *The Atlas of the Crusades,* London, 1991.

図版出典一覧

G. Althoff, *Bösen schrecken, die Guten belohnen: Bedingungen, Praxis und Legitimation mittelalterlicher Herrschaft,* in: Menschen im Schatten der Kathedrale: Neuigkeiten aus dem Mittelalter, hrsg. von G. Althoff, H.-W. Goetz u. E. Schubert, Darmstadt, 1998. *28, 92*

G. Althoff, *Heinrich IV.*, Darmstadt, 2006. *11, 88*

A. J. Andrea, *Encyclopedia of the Crusades*, London 2003. *21, 72, 73, 94, 95*

R. Bartlett (ed.), *Medieval Panorama,* London, 2001. *27, 41, 95*

I. Biffi, C. Marabelli u. C. Stercal（hrsg.）, *Atlas des Mittelalters*, Milano, Deutsch. Ausg. Stuttgart, 2007. *33, 35*

U.-R. Blumenthal, *Gregorius VII. Papst zwischen Canossa und Kirchenreform,* Darmstadt, 2001. *3, 8*

A. Bühler et al., *Das Mittelalter,* Darmstadt, 2004. *3*

P. Dinzelbacher, *Europa im Hohen Mittelalter,* Darmstadt, 2003. *10*

dtv-Atlas zur Weltgeschichte, München, 1964. *63*

A. Dupront, *Sait-Jacques de Compostelle,* 1985. *95*

K. Herbers, N. Ohler, B. Schimmelpfennig, B. Schneider u. P. Thorau, *Pilgerwege im Mittelalter,* Darmstadt, 2005. *21, 24, 25, 27, 30, 80*

G. Holmes（ed.）, *The Oxford Illustrated History of Medieval Europe,* Oxford UP, 1988. *86*

W. Hug, E. Rumpf u. J. Grolle, *Menschen in ihrer Zeit 2. Im Mittelalter und in der frühen Neuzeit,* Stuttgart, 1972. *5, 47, 93*

K. P. Jankrift, *Europa und der Orient im Mittelalter,* Darmstadt, 2007.*57, 65, 71, 80*

M. Lurker, *Wörterbuch Biblischer Bilder und Symbole,* München, 1973. *52*

A. Maalouf, *Les croisades vues par les Arabes,* Paris, 1983. *79*

H. Pleticha（hrsg.）, *Deutsche Geschichte, Bd. 2, Von den Saliern zu den Staufen 1024-1152,* Gütersloh 1982. *7, 9, 11, 13, 43, 65, 81, 83, 87*

Putzger *Atlas und Chronik zur Weltgeschichte,* Berlin, 2002. *34*

J. Riley-Smith（ed.）, *The Atlas of the Crusades,* London 1991. *27, 31, 32, 93*

S. Runciman, *The First Crusade,* Cambridge University Press, 1980. *3, 65, 90*

ユニフォトプレス提供 カバー表, 裏, 扉, *4*

池谷文夫(いけや ふみお)
1948年生まれ
東京大学大学院人文科学研究科博士課程単位取得退学
専攻，西洋中世史，神聖ローマ帝国史
現在，茨城大学名誉教授　博士(文学)
主要著書
『ドイツ中世後期の政治と政治思想』(単著，刀水書房 2000)
『幻影のローマ』(共著，青木書店 2006)
『多元的世界の展開』(『地中海世界史』第2巻，共著，青木書店 2003)
『宮廷と広場』(共著，刀水書房 2002)
『ドイツ史 1』(『世界史大系』，共著，山川出版社 1997)

世界史リブレット人㉛
ウルバヌス2世《せい》と十字軍《じゅうじぐん》
教会と平和と聖戦と

2014年8月20日　1版1刷発行
2018年9月30日　1版2刷発行

著者：池谷文夫《いけやふみお》
発行者：野澤伸平
装幀者：菊地信義
発行所：株式会社 山川出版社
〒101-0047　東京都千代田区内神田1-13-13
電話　03-3293-8131(営業)　8134(編集)
https://www.yamakawa.co.jp/
振替　00120-9-43993
印刷所：株式会社 プロスト
製本所：株式会社 ブロケード
 ISBN978-4-634-35031-1